Übungsreihen für Geistigbehinderte
Lehrgang A:
(Umgang mit Mengen, Zahlen und Größen)

Sabine Heidjann

Geistigbehinderte lernen Möglichkeiten Freier Arbeit im Bereich Umgang mit Mengen, Zahlen und Größen kennen

Übungsreihen für Geistigbehinderte

– Konzepte und Materialien –

Hrsg. Susanne Dank

Lehrgang A: Umgang mit Mengen, Zahlen und Größen **Heft A 7**

Sabine Heidjann

Geistigbehinderte lernen Möglichkeiten Freier Arbeit im Bereich Umgang mit Mengen, Zahlen und Größen kennen

verlag modernes lernen - Dortmund

Bedanken möchte ich mich bei den Schülern der Mittelstufe 3 der Michaelis-Schule Gütersloh und meiner Mentorin Ursula Wittrahm, die aktiv an dieser Arbeit mitgearbeitet haben. Die Gestaltung der Arbeitsmaterialien erfolgte von Brigitte Kuka.

Sabine Heidjann

Gesamtherstellung: Löer Druck GmbH, D-4600 Dortmund 1

Bestell-Nr. 3611 ISBN 3-8080-0280-8

Inhaltsverzeichnis

Übungsreihen für Geistigbehinderte?

Idee und Anliegen

Leider sind Konzepte und Arbeitshilfen für die Förderung und den Unterricht mit Geistigbehinderten immer noch rar. Häufig beziehen sich Eltern, Lehrer und Erzieher in Ermangelung geeigneter Materialien auf Inhalte und Vermittlungsformen der herkömmlichen Kindergarten- und Schulpädagogik. Diese werden jedoch den speziellen Bedürfnissen geistigbehinderter Schüler nur selten gerecht.

Sei es, daß der Lernstoff im Schwierigkeitsgrad zu weit „oben" ansetzt, daß die Lernschritte zu rasch aufeinander folgen und die breite Übungspalette fehlt oder aber, daß Themen angeboten werden, die dem Alter und den Interessen Geistigbehinderter einfach nicht so recht entsprechen.

Dieses Manko versuchen die „Übungsreihen für Geistigbehinderte" aufzuarbeiten, indem hier *notwendige* und *praxisorientierte* Förderinhalte systematisch und umfassend abgehandelt werden.

Geistigbehinderte müssen mit Hilfe *besonders* strukturierter Lerninhalte auf ein weitgehend selbständiges Leben vorbereitet werden. Wie eine Förderung in diesem Sinne aussehen kann, dokumentieren die „Übungsreihen für Geistigbehinderte" anschaulich und nachvollziehbar.

Die Auswahl der Einzelthemen orientiert sich dabei am geistigbehinderten Schüler und seiner Lebensumwelt, fragt nach so wichtigen Entscheidungskriterien wie:

- Hat das Thema Relevanz für die aktuelle oder zukünftige Lebenssituation Geistigbehinderter?
- Nimmt es in notwendiger Weise Bezug auf vorhandene Sachzwänge und objektive Gesetzmäßigkeiten?
- Vergrößert der Lernstoff die Handlungskompetenz, erweitert er den Aktionsradius der Schüler?
- Orientiert sich der Lerngegenstand ausreichend an ihren individuellen Bedürfnissen und Interessen?

In den Sonderschulen für Geistigbehinderte werden die Erziehungs- und konkreten Lernziele innerhalb von *fachorientierten Lehrgängen* (Schaffung sachgerechter Grundlagen in den einzelnen Fachbereichen) und *Vorhaben/Projekten* (Anwendung der erworbenen Kenntnisse und Fähigkeiten in praxisorientierten Aufgabenfeldern) verfolgt.

Eine entsprechende Systematik liegt auch den „Übungsreihen für Geistigbehinderte" zugrunde.

Die „Übungsreihen für Geistigbehinderte" stellen Beiträge zu den *Lehrgängen*

- Sprache (Lesen und Schreiben)
- UMZG (Umgang mit Mengen, Zahlen und Größen)
- Lebenspraktisches Training
- Arbeitslehre (Werktechnische Fächer, Hauswirtschaft)
- Wahrnehmungsförderung
- Sport
- Musik

in übersichtlichen Fördereinheiten vor. *Vorhaben* und *Projekte* werden in Form übertragbarer Dokumentationen für den Nachvollzug zugänglich gemacht.

Die Frage, für wen die „Übungsreihen für Geistigbehinderte" geschrieben werden, ist leicht zu beantworten: Für alle, die in der Förderarbeit mit Geistigbehinderten tätig sind – Lehrer, Erzieher, Eltern, Betreuer in Werkstätten, Heimen, Horten, Kindergärten, Freizeiten und Krankenhäusern.

Über Rückmeldungen und Kritik, Anregungen und Vorschläge von Leserseite würde ich mich als Herausgeberin der Hefte-Reihe sehr freuen. All jene, die mit ihrer Erfahrung, bisher geleisteter Unterrichtsarbeit, Materialiensammlungen und anderen Schätzen zum Gelingen der Reihe beitragen wollen, möchte ich ermutigen, sich an dieser Pionierarbeit zu beteiligen.

Susanne Dank

Der Lehrgang Umgang mit Mengen, Zahlen und Größen

Der Lehrgang UMZG ist häufig für Schüler und Lehrer gleichermaßen mit großen Frustrationen verbunden. Wie liebevoll auch immer hier die Materialien ausgewählt und Arbeitsblätter gemalt sein mögen, so müssen wir doch ständig die Erfahrung machen, daß das abstrakte Verständnis für mathematische Sachverhalte bei Geistigbehinderten häufig ausbleibt und es kein Vorwärtskommen gibt, wenn wir die Ebene des Konkreten verlassen.

Dabei steckt die Welt voller Zahlen, Mengen und Größen. Wir können nicht so tun, als ob das mathematische Wissen nebensächlich und oßer Ballast wäre. Klammern wir diesen Bereich von vorneherein aus, lernen die Schüler weder die Uhr zu lesen, noch mit Geld umzugehen. Kalender, Lineal, Meßbecher und Küchenwaage, ja sogar das Telefon bleiben unverstanden und für die praktische Nutzung unzugänglich.

Um diesem Dilemma zu entgehen, muß innerhalb des Lehrgangs zweigleisig verfahren werden:

Einerseits langfristige und systematische Planung auf das Endziel einer möglichst umfassenden mathematischen Kompetenz hin. Andererseits Einteilung des Stoffes in überschaubare Abschnitte sowie Schulung engumgrenzter, vor allem aber pragmatischer Teilfertigkeiten.

Da von vorneherein absehbar ist, daß viele Schüler kein umfassendes Verständnis von Mengen, Zahlen und Größen erwerben können, muß der Unterricht von Anfang an so geplant werden, daß jede Übungseinheit mit einer *Handlungskompetenz* abschließt.

Nur so vermeiden wir das ermüdende, endlose Wiederholen mathematischer Grundlagen ohne wirklichen Erfolg.

Die mühsam antrainierten Wissensbruchstücke können im Lebensalltag der Schüler keinen Einsatz finden, solange sie nicht im Zusammenhang zu aktuellen und bedürfnisorientierten Tätigkeiten stehen. Erfolgreich und motivierend kann der Lehrgang UMZG nur dadurch werden, daß wir hier Lernziele anstreben, die als Lösungsstrategien auch über die einzelne Unterrichtsstunde hinaus anzuwenden sind.

Das durchaus notwendige Erarbeiten und Üben mathematischer Fundamente, wie z.B.

- Anbildung eines globalen Mengenverständnisses
- Klassifikationsleistungen
- Herstellen von Beziehungen und Zuordnungen
- Aufbau des Zahlenraumes
- Erwerb grundlegender Rechentechniken usw.

muß stets in einen Rahmen eingebettet sein, der ganz konkrete Lernerträge garantiert und nicht ausschließlich von der vagen Hoffnung lebt, „Daß Rita vielleicht doch noch das Addieren lernt"!

Der Wunsch, geistigbehinderte Schüler durch den Lehrgang UMZG mit frei verfügbaren Handlungskompetenzen auszustatten, geht nur in Erfüllung, wenn gleichzeitig zur Schulung des mathematisch-analytischen Verständnisses ebenfalls Wege des *ganzheitlichen Erfassens* vermittelt werden und die Schüler die erworbenen Kenntnisse praktisch erproben, in lebensechten Situationen einüben und dadurch individuellen Fertigkeiten entwickeln können.

Im schulischen Alltag erreichen wir dies, indem wir den Lehrgang UMZG in abgeschlossene *Unterrichtsreihen* zergliedern, die parallel zum Aufbau der abstrakten Rechenfähigkeit ganz pragmatische Ziele verfolgen, d.h. die Schüler mit *konkreten Techniken* ausrüsten, die auch unabhängig von weiteren, aufbauenden Lernerfolgen sofort anwendbar sind.

Unter diesem Motto sind die Beiträge der „Übungsreihen für Geistigbehinderte – Lehrgang Umgang mit Mengen, Zahlen und Größen" entstanden.

Bisher erschienen:

Übungsreihen für Geistigbehinderte Heft A1:

Geistigbehinderte lernen die Uhr im Tagesablauf kennen (Lehrgang Umgang mit Mengen, Zahlen und Größen).

Übungsreihen für Geistigbehinderte Heft A5:

Geistigbehinderte lernen den Umgang mit dem Längenmaß.

Übungsreihen für Geistigbehinderte Heft A7:

Geistigbehinderte lernen Möglichkeiten Freier Arbeit im Bereich Umgang mit Mengen, Zahlen und Größen kennen.

Zur Arbeitsform „Freie Arbeit"

Freie Arbeit kann als eine Form des offenen Unterrichts verstanden werden, die durch Freiheit und Arbeit gekennzeichnet ist.

„Kinder sind frei, den Gegenstand ihres Lernens und/oder die Zeit ihres Lernens und/ oder ihre möglichen Partner für das Lernen zu bestimmen."

(Sennlaub 1983, S. 25)

Grundannahme ist dabei, daß jedes Kind zunächst lernen will, jedes Kind anders lernt und sich von daher Lernprozesse gründlicher vollziehen, wenn sie selbstbestimmt sind.

Die Ziele der Freien Arbeit liegen in einer umfassenden Persönlichkeitsentwicklung des Schülers und steuern damit einem verengten Bildungsbegriff mit Schwerpunktsetzung im kognitiven Bereich entgegen. Die Lernangebote erstrecken sich demzufolge auf den sozialen, emotionalen, instrumentellen und kognitiven Lernbereich. Mit einer gut vorbereiteten Umgebung (Raumgestaltung, Zeiteinteilung, Materialbereitstellung) soll der Schüler durch eigenes Tun zu einer adäquaten Auseinandersetzung mit der Umwelt finden, die ihm schließlich die Erschließung der Lebenswelt ermöglicht.

Die Freie Arbeit ist dabei kein fertiges, theoretisch gut untermauertes Konzept, sondern eher eine Unterrichtsmethode, die sich für jedes Kind anders darstellt und einen großen Abhängigkeitsgrad von der Persönlichkeit des Lehrers zeigt. Dies macht sich auch in der gegenwärtigen Literatur bemerkbar, besteht sie doch hauptsächlich aus persönlichen Erfahrungsberichten und weniger aus Beiträgen, in denen es um die Entwicklung einer Gesamtkonzeption geht.

In vielen Arbeiten werden jedoch pädagogische Prinzipien für diese Unterrichtsform genannt. Ein Prinzip ist dabei die *Selbstbestimmung,* die sich auf die Mitbestimmung der Lerninhalte, die Wahl des Materials, die Wahl der Sozialform und bedingt auch auf die Wahl von Zeit und Ort der Arbeit bezieht.

Die Grenzen dieses Freiraumes können dabei enger (Freie Arbeit als lernzielgebundenes Angebot) oder weiter (Freie Arbeit als Freiraum) gefaßt werden. Organisiert wird die Freie Arbeit sehr unterschiedlich; sie erstreckt sich von 1-2 Freiarbeitsstunden am Ende der Woche bis zu Formen, in denen täglich für 2 Stunden Freie Arbeit im Stundenplan festgelegt ist.

Die freie Arbeit hat ihre Legitimation in der Grundschule bereits gefunden. Seit 1970 ist sie offiziell als Empfehlung der Kultusministerkonferenz ausgesprochen worden. Versuche, dieses Modell auch auf andere Schularten (Hauptschule, Sonderschule) zu übertragen, gibt es derzeit nur sehr wenige.

Ist Freie Arbeit an der Schule für Geistigbehinderte sinnvoll und möglich?

Hier stellt sich nun die Frage nach der Übertragbarkeit auf die Schule für Geistigbehinderte.

Unterricht hat sich an den Voraussetzungen der Schüler zu orientieren. Stellen alternative Konzepte wie die der Freien Arbeit besondere Anforderungen an die Schüler, und inwieweit werden diese von geistig Behinderten erfüllt?

Die Lernbereiche *Selbständigkeit, Motivation und Sozialkompetenz* haben eine große Bedeutung in einem als schülerzentriert zu bezeichnenden Unterricht. Als günstige Voraussetzungen beschreibt Grampp (vgl. Grampp 1980, S.222) im Lernbereich Selbständigkeit:

- die positive Selbsteinschätzung und die Fähigkeit, autonome Entscheidungen zu treffen,
- die Fähigkeit, Lernmaterial sachgerecht und vorsichtig zu benutzen,
- die Selbstbewertung von Lernergebnissen durch die Schüler.

Hinzuzufügen ist die Orientierung im Klassenraum, an Plänen und Materialschränken, sowie die Fähigkeit, sich Erfolgserlebnisse auch ohne Lehrer zu beschaffen.

Im Lernbereich Motivation:

- die Motivation, etwas zu tun und eine begonnene Arbeit zu beenden,
- die Einsicht, daß Fehler und Irrtümer lernnotwendig sind.

Außerdem ist die Motivation, Problemstellungen zu bearbeiten wichtig.

Im Lernbereich Sozialkompetenz nennt Grampp:

- die Beteiligung an Diskussionen über Lernprozesse und Lernergebnisse

Hinzuzufügen ist hier die Fähigkeit, Rücksicht gegenüber anderen Schülern zu nehmen, sowie die Fähigkeit zur Kooperation mit anderen Schülern bei Partner- und Gruppenarbeit.

Keinesfalls ist diese Auflistung so zu verstehen, daß nur beim Bestehen dieser Fähigkeiten die Freie Arbeit ihre Legitimation hat. Die Beschreibung hat vielmehr prospektive Züge, d.h. der Unterricht selbst muß dazu beitragen, daß seine Voraussetzungen geschaffen werden. Die Bedingungen sind damit gleichzeitig auch Zielsetzungen.

Demgegenüber steht eine Beschreibung des Lernverhaltens bei geistig Behinderten wie folgt:

„...so haben sie beträchtliche Intelligenzminderleistungen, weisen eine langsamere und unregelmäßigere Entwicklung auf, eine reduzierte Weltoffenheit, ein Weniger an Entwicklungs-, Entfaltungs- und Selbstverwirklichungsmöglichkeiten, einen seelisch-geistigen Rückstand um mehr als ein Drittel, Eingeengtheit des Lernfeldes auf Lebenspraktisches, Festgelegtheit auf anschaulich-vollziehendes Lernen, extreme Verlangsamung und zeitliche Begrenztheit der Lernprozesse, punktuelle Spontaneität u.ä."

(Grampp 1982, S.9)

Nach dieser Auflistung von Negativmerkmalen über das Lernverhalten liegt zunächst der Schluß nahe, das eine eher „offene" Unterrichtsform für geistig Behinderte als nicht geeignet anzusehen ist. Man kann jedoch daraus auch entnehmen, daß ein derartiger Unterricht geradezu geeignet ist, genau diese Eigenschaften auszubilden (vgl. Grampp 1982,S.5).

Geht man von der anthropologischen Grundannahme aus:

„Lernen und Leisten ist ein zielgerichteter, selbstbestimmter Prozeß, der ein „Können-Wollen" und schließlich ein „Immer-besser-Können-Wollen" einschließt,..."

(Röbe, Heinrich J.: in Zeitschrift Grundschule 10/87, S.62)

dann legitimiert sich ein derartiger Unterricht von selbst für alle Schüler.

Selbstbestimmte Arbeitsweisen, soziale Arbeitsformen, der Umgang mit Selbstkontrollen, die Beachtung gemeinsam aufgestellter Regeln u.a. sind Aspekte, die langsam aufgebaut und erlernt werden müssen. Gefahren wie leichte Ablenkbarkeit, der Überforderung, selbst Entscheidungen zu treffen und der Unselbständigkeit vieler Schüler kann mit einer allmählichen Gewöhnung an das Unterrichtskonzept begegnet werden. Schritt für Schritt sollen die Schüler dabei an Arbeitsformen, Materialien und Lernformen herangeführt werden, die ein immer größeres Maß an Selbstbestimmung des Schülers zulassen. Dabei ist von den jeweiligen Voraussetzungen auszugehen, ohne daß dabei eine Grenze beschrieben werden kann, ab wann ein derartiger Unterricht nicht möglich ist.

Die Lust, zu entdecken und zu lernen, kann als Voraussetzung für selbstbestimmtes Lernen betrachtet werden; ist diese bei einem Kind nicht vorhanden, besteht gerade hier die Notwendigkeit, sie wieder aufzubauen.

Unter diesem Gesichtspunkt scheint sich eine derartige Unterrichtsform für die Übernahme an die Schule für geistig Behinderte zu eignen. Ein alternatives Unterrichtskonzept wie das der Freien Arbeit schafft seine Voraussetzungen selbst.

Die Intention besteht in einer umfassenden Persönlichkeitsentwicklung. Gleichzeitig werden soziale Verhaltensweisen, Kreativität und Spontaneität als Teilziele formuliert. Im einzelnen sind für die Realisierung alternativen Lernens in der Schule für Geistigbehinderte folgende Teilziele zu nennen, die auch für die Freie Arbeit Geltung besitzen:

- Entwicklung der Persönlichkeit des Schülers unter Berücksichtigung von Stärken und Schwächen
- Annahme der eigenen Behinderung, angemessenes Umgehen damit und daraus folgend realistische Selbsteinschätzung
- lernen, Hilfe in Anspruch zu nehmen und Hilfe zu geben
- Kontaktaufnahme mit Personen seiner Umgebung
- Übung von Wahrnehmung, Kommunikation und Transfer
- Förderung der Planungs- und Orientierungsfähigkeit
- Aufbau und Stärkung der Motivation für selbstbestimmtes Handeln und Lernen
- Bewußtmachen der eigenen Fähigkeiten (vgl. Grampp 1982, S.10 ff)

Es findet sich eine große Übereinstimmung mit den Zielen der Schule für Geistigbehinderte, wie sie in den Richtlinien der meisten Bundesländer und den KMK-Empfehlungen formuliert sind (vgl. Kultusminister des Landes NRW): Richtlinien und Lehrpläne für die Schule für Geistigbehinderte in NRW, Köln 1980).

Neu ist der Anspruch dieses Konzepts, die Schüler an der Zielfindung so weit wie möglich zu beteiligen. Dies kann konkret dadurch geschehen, daß die Schüler Interessen äußern, die in die Zielformulierung eingehen, oder daß sie aus möglichen Zielvorgaben diejenigen auswählen, die ihren Interessen entsprechen. Das heißt aber auch, daß die Schüler einer Klasse nicht alle zur selben Zeit dieselben Zielsetzungen verfolgen und ihnen damit für ihr eigenes Tun Raum, Zeit und Material zur Verfügung stehen muß. Der Lehrer hat dabei darauf zu achten, daß eine Ausgewogenheit der Ziele im motorischen, kognitiven und sozialen Bereich besteht, d.h. er muß den Schülern bei ihrem Lernen behilflich sein.

Außerdem hat der Lehrer die Aufgabe, über den gegenwärtigen Leistungsstand der Schüler hinaus auch Ziele anzubieten, die ihre Fähigkeiten erweitern und sich auf das „wirkliche" Leben beziehen, d. h. Lerninhalte aus der Alltagswirklichkeit auch in dieser Sphäre durchzuführen.

Diese Zielsetzungen ermöglichen Schritt für Schritt eine Annäherung an das Ziel der Selbstbestimmung von Lernprozessen und damit der eigenen Lernzielfindung.

Abb. 1: Miriam arbeitet mit einem Rechenpuzzle

Warum Freie Arbeit im Bereich UMZG?

Die Freie Arbeit ist ein Konzept, das zunächst vieles im Unterricht für die Schüler und Lehrer verändert.

Freie Arbeit darf nicht von einem Tag auf den anderen eingeführt werden, sondern bedarf einer allmählichen Anbahnung. Es müssen gerade für geistig Behinderte Vorstufen gefunden werden, wie man in die Freie Arbeit einsteigen kann. Dabei sind verschiedene Möglichkeiten denkbar, die den Schülern ein allmähliches Vertrautwerden und Eingewöhnen ermöglichen können. Das Freispiel, der Beginn mit Tagesplänen, die zunächst vom Lehrer vorgegeben werden und die Wochenplanarbeit in Verbindung mit einer Reduzierung der Lerngruppe oder/und die Beschränkung zunächst auf nur einen Lernbereich können als mögliche Vorformen bezeichnet werden.

In der Schule für Geistigbehinderte ist es empfehlenswert, zunächst mit *einem* Lernbereich zu beginnen, damit Entscheidungsmöglichkeiten für die Schüler zunächst noch begrenzt gehalten werden, die Überschaubarkeit der Materialien gewährleistet ist, und die Schüler sich in einem gut strukturierten Rahmen orientieren können. Diese Möglichkeiten bietet die Organisation der Freien Arbeit in einer Art Wochenplanarbeit, wobei die Selbstbestimmung der Schüler allmählich zunehmen kann.

Folgende Aspekte sind für die Entscheidung bedeutsam, im Lernbereich Umgang mit Mengen, Zahlen und Größen mit dieser Art der Freien Arbeit zu beginnen:

- die notwendige Differenzierung in diesem Lernbereich bei normalerweise heterogen zusammengesetzten Lerngruppen
- der Lernbereich an sich als ein Bereich, in dem weitergehende Denkstrukturen aufgebaut werden und der damit auch Verbindungen zu allen anderen Lernbereichen hat
- die leicht zu erstellenden Arbeitsmaterialien

Der Unterricht in Sprache und im Lernbereich UMZG wird an vielen Schulen in gesonderten Lerngruppen durchgeführt, die entweder klassenübergreifend gebildet werden oder sich aus einer Teilgruppe einer Klasse zusammensetzen. Aspekte aus dem mathematischen Bereich sollen natürlich – soweit möglich – in Vorhaben integriert werden (Hauswirtschaft, beim Einkaufen, beim täglichen Tischdecken usw.). In den eigentlichen „Rechenstunden" erfolgen jedoch spezielle Lehrgänge und Übungsstunden. Trotz dieser inneren bzw. äußeren Differenzierung hat man es in der Schule für Geistigbehinderte in der Regel immer noch mit einer sehr heterogenen Lerngruppe zu tun, in der man bei einer angemessenen Förderung für jeden Schülers ganz individuelle Lernziele formulieren muß. Aus diesem Grund bietet sich gerade im Lernbereich UMZG eine Änderung im Hinblick auf eine neue Organisationsform und veränderte Arbeitsmaterialien an. Das Konzept der Freien Arbeit stellt hier zunächst eine gute Möglichkeit dar, vor allem *Übungsstunden* anregender, motivierender und unter Einbezug der Schüler, neu zu gestalten. Ansatz dabei ist, daß Aspekte aus dem Bereich Mengen, Zahlen und Größen weiterhin so weit wie möglich in Vorhaben einbezogen werden; Lehrgänge und Übungsstunden, die darüberhinaus notwendig sind, können aber sehr gut in Form der WP-arbeit bzw. nach einer Gewöhnungszeit auch in der Freien Arbeit durchgeführt werden. Hier kann die notwendige Differenzierung erfolgen, die vermehrt handelnde Auseinandersetzung wird durch das Anbieten geeigneter Materialien ermöglicht, und vor allem wird die Mit- bzw. die Selbstbestimmung der Schüler über ihre Lernprozesse und Lerninhalte angebahnt.

Eine optimale Aufbereitung sollte so aussehen, daß aus Vorhaben (z.B. „Wir verschicken einen Brief"), („Wo kommt das Geld her") Materialien für die WP-arbeit abgeleitet und erstellt werden.

Ein Beispiel:

Vorhaben: Wir erleben die Weihnachtszeit in unserer Stadt und in der Klasse.

In der Wochenplanarbeit kann es begleitend zu anderen Teilvorhaben dann z.B. um die Auseinandersetzung mit Kalendern gehen oder bei einem evtl. stattfindenden Basar verstärkt um das Verkaufen und Bezahlen mit Geld. Je nach Orientierungsvermögen der Schüler können auch Materialien zu mehreren Gebieten nebeneinander angeboten werden.

Differenzierte Arbeitsmaterialien zum Lerngegenstand Kalender:

- Zahlenkärtchen von 1- 24 für Übungen mit der Zahlenreihe, Spielformen, Zuordnungsübungen zu den Wochentagen (z.B. mit Hilfe des Hakenbretts (vgl. Anhang) etc.
- Alte Kalenderblätter mit Aufgabenhinweisen wie z.B. das Ausrechnen: Wie lange noch bis zum 3. Advent, wieviel Tage, wieviel Wochen; Zuordnungsübungen von Bildern zu einzelnen Tagen.
- Eine Arbeitskartei zum Thema Kalender, in der unterschiedliche Aspekte zusammengestellt sind.

Materialvariationen zum Lerngegenstand Geld: Bierdeckeltrainer mit Scheiben zum Rechnen mit Geld (vgl. Anhang), Gelddomino am besten mit Abbildungen der zu verkaufenden Gegenstände (vgl. Anhang), Geldkartei (vgl. Anhang), Geldstreifen (vgl. Anhang), Klappordner (vgl. Anhang), Spiele.

Mathematikunterricht beschränkt sich nicht auf die Vermittlung von Rechenfertigkeiten, sondern es geht darum, allgemein Handeln und Denken zu fördern, um damit dazu beizutragen, Umwelt besser zu erschließen, sie zu strukturieren und sie besser zu verstehen (vgl. Schmitz/Scharlau 1988, S.32). Vieles, was wir im Alltag zu bewältigen haben, schließt mathematisches Denken und Wissen mit ein – denken wir zum Beispiel an das Einkaufen, das Telefonieren, das Lesen von Fahrplänen, das Finden von Hausnummern usw.

Überall in unserer Umwelt begegnen wir Zahlen – diese zu begreifen ist ein wichtiges Ziel, das zu einer Förderung der Umweltorientierung beiträgt. Mathematische Aspekte haben hier eine ganz wichtige Bedeutung , so daß man sagen kann, daß sie eine entscheidende Grundlage für den Aufbau späterer Denkstrukturen darstellen und sich damit auch in jedem Lernbereich wiederfinden lassen.

Das Verständnis von Mengen, Zahlen und Größen hilft, Umwelt besser zu strukturieren und auch Handlungen der Mitmenschen besser zu verstehen. Probleme von Geistigbehinderten in diesem Bereich erfordern alternative Lernformen und vielfältige Lernangebote, wie sie die Freie Arbeit oder die Wochenplanarbeit anbieten können.

Die Zielsetzungen der Freien Arbeit im Bereich UMZG

Die Ziele sind als langfristige Zielsetzung für ein langandauerndes Vorhaben zu verstehen.

Die Schüler sollen über die Form einer schülerorientierten WP-arbeit mit der Zeit dahin kommen:

im Bereich Selbständigkeit:

- sich Material ihren Bedürfnissen entsprechend auszuwählen und sich damit weitgehend selbständig auseinanderzusetzen
- das Material und die Selbstkontrolle zu nutzen, um ein Stück weit unabhängig vom Lehrer zu werden und dadurch ein größeres Maß an Selbstvertrauen zu gewinnen

im Bereich Motivation:

- sich über die eigenen Fähigkeiten bewußt zu werden und sich daraus ergebenden Problemen motiviert und konzentriert zuzuwenden
- die WP-arbeit als eine Möglichkeit zu erfahren, in der sie selbst über ihren Lernprozeß, ihre Partner, das Material und ihren Lernort entscheiden können
- durch abwechslungsreiche und erfolgvermittelnde Materialien Spaß und Freude am selbständigen Üben zu erleben

im Bereich Soziale Kompetenz:

- eigene Ansprüche gegenüber anderen zu vertreten aber auch die der anderen zu akzeptieren und evtl. eigene zurückzustellen
- gemeinsam aufgestellte Regeln der WP-arbeit zu beachten

im kognitiven Bereich:

- vielfältige Mengen-, Zahlen- und Größenaspekte in wechselnden Sachzusammenhängen zu erkennen und damit umgehen zu können
- sich über Problemstellungen bewußt zu werden und diese unter Zuhilfenahme entsprechender Materialien zu lösen

Diese aufgezeigten Lernziele haben langfristigen Charakter und müssen in den einzelnen Bereichen für die Schüler individualisiert werden. Konkrete und präzise Lernziele im fachlichen Bereich sollen immer mehr unter Einbezug bzw. auch selbständig von den einzelnen Schülern formuliert werden.

Zum Beispiel: Klaus soll das Lesen und Legen von kleineren Geldbeträgen anhand verschiedener Materialien üben.

Birgit soll im Umgang mit der Rechenwaage die Begriffe „gleich", „schwerer" und „leichter" erproben.

Bedingungen für die Durchführung der Freien Arbeit

In welcher Schul- bzw. Altersstufe kann Freie Arbeit durchgeführt werden?

Prinzipiell ist die Freie Arbeit ein Konzept, mit dem in jeder Stufe und in jedem Alter gearbeitet werden kann. In der Grundschule gibt es heute immer mehr Lehrer, die sofort im 1. Schuljahr mit Freier Arbeit beginnen, also mit Kindern, die nicht lesen können, die den Zeitraum einer Woche noch nicht überblicken und grundlegende Arbeitstechniken erst noch erlernen müssen. Von solchen Bedingungen müssen wir auch in der Schule für Geistigbehinderte häufig ausgehen, der oben beschriebene Kenntnisstand ist aber keine Voraussetzung für die Freie Arbeit.

Je nach den individuellen Lernvoraussetzungen muß man jedoch sicherlich Unterschiede in der zeitlichen Ausdehnung und in dem jeweiligen Anspruchsniveau der Freien Arbeit machen.

Grundsätzlich gelingt die Freie Arbeit umso besser, je früher man anfängt, die Schüler an möglichst selbständige Arbeitsformen, an Eigeninitiative und Selbstbestimmung zu gewöhnen: Aspekte, die v. a. in freien Spiel- und Arbeitsphasen im Anfangsunterricht möglichst stark beachtet werden sollten.

Die Freie Arbeit bietet aber ebenso gute Ansatzpunkte für ältere Schüler und besonders für Schüler im Grenzbereich, wo sie eine adäquate Arbeitsform mit sehr guten Differenzierungsmöglichkeiten ist, die eine umfassende Persönlichkeitsentwicklung in den Vordergrund stellt und für einzelne Schüler evtl. sogar zum Sprungbrett in die Schule für Lernbehinderte werden kann.

Schulische Rahmenbedingungen

Eine wichtige Hilfe für die Änderung bzw. Neueinführung einer alternativen Unterrichtskonzeption bietet der äußere Rahmen einer Schule, d.h. die Legitimation durch die Schulleitung, ein möglichst gut funktionierendes team-teaching in der Klasse und ein relativ offener zeitlicher Rahmen.

Darüberhinaus ist die Bereitstellung einer gut vorbereiteten Umgebung eine wichtige Rahmenbedingung für die Realisierung der Freien Arbeit. Damit sind zunächst Aspekte gemeint, die sich auf die Gestaltung des Klassenzimmers beziehen, wie z.B. die Einrichtung von Lern- und Materialecken. Dazu gehört auch die Bereitstellung einer überlegten Auswahl und Strukturierung von Lernmaterialien, zu denen der Schüler einen direkten Zugang haben sollte.

Räumliche Voraussetzungen

Die Art der Einrichtung einer Klasse, das Arbeits- und Spielmaterial geben bereits viel Auskunft über Schwerpunkte der Unterrichtsarbeit in einer Klasse. Wird in einer Klasse Freie Arbeit durchgeführt, sind die Schränke für die Schüler offen, die Wände voll mit Schülerarbeiten, finden wir in der Klasse Spiel-, Ruhe- und Arbeitszonen – kurz gesagt, das Lern und Arbeitsumfeld sollte lebendig, freundlich und anregend gestaltet sein. Folgende Einrichtungsmerkmale sind für die Einführung der Freien Arbeit in einer Klasse auf jeden Fall günstige Ausgangsbedingungen:

- Ein ausreichend großer Klassenraum, der nach Möglichkeit über einen abgetrennten Nebenraum verfügt, bzw. der durch Regalfronten oder andere Raumteiler in verschiedene Zonen gegliedert werden kann. Als Behelfsmöglichkeiten bieten sich jedoch auch Flure oder Vorräume an, die oft mit ein wenig Phantasie zu schönen Arbeitsplätzen umfunktioniert werden können.
- Offene und gut sortierte Regale, Schränke, so daß sich die Schüler jederzeit Materialien selbständig besorgen können.
- Raum, in dem die Schüler eigene Arbeiten und persönliches Material aufbewahren können (z.B. Fach in einem Schrank oder eine Schublade)
- Die Möglichkeit einer fest eingerichteten Lese-, Mal-, Experimentier- und Ruheecke mit den dazu erforderlichen Materialien
- Genügend Platz an Wänden und Tafeln für die Präsentation von Schülerarbeiten.

Sind diese räumlichen Voraussetzungen nicht gegeben, ist die Phantasie der Lehrer gefragt, aus dem vorhandenen Rahmen irgendwie möglichst gute Bedingungen herauszuholen. Es sollte jedoch kein Grund sein, sofort zu resignieren und mit der Freien Arbeit aus räumlichen Gründen erst gar nicht zu beginnen. Mit stabilen Raumteilern aus Wellpappe (der Verlag an der Ruhr bietet diese schon für 39,- an), alten Matratzen und

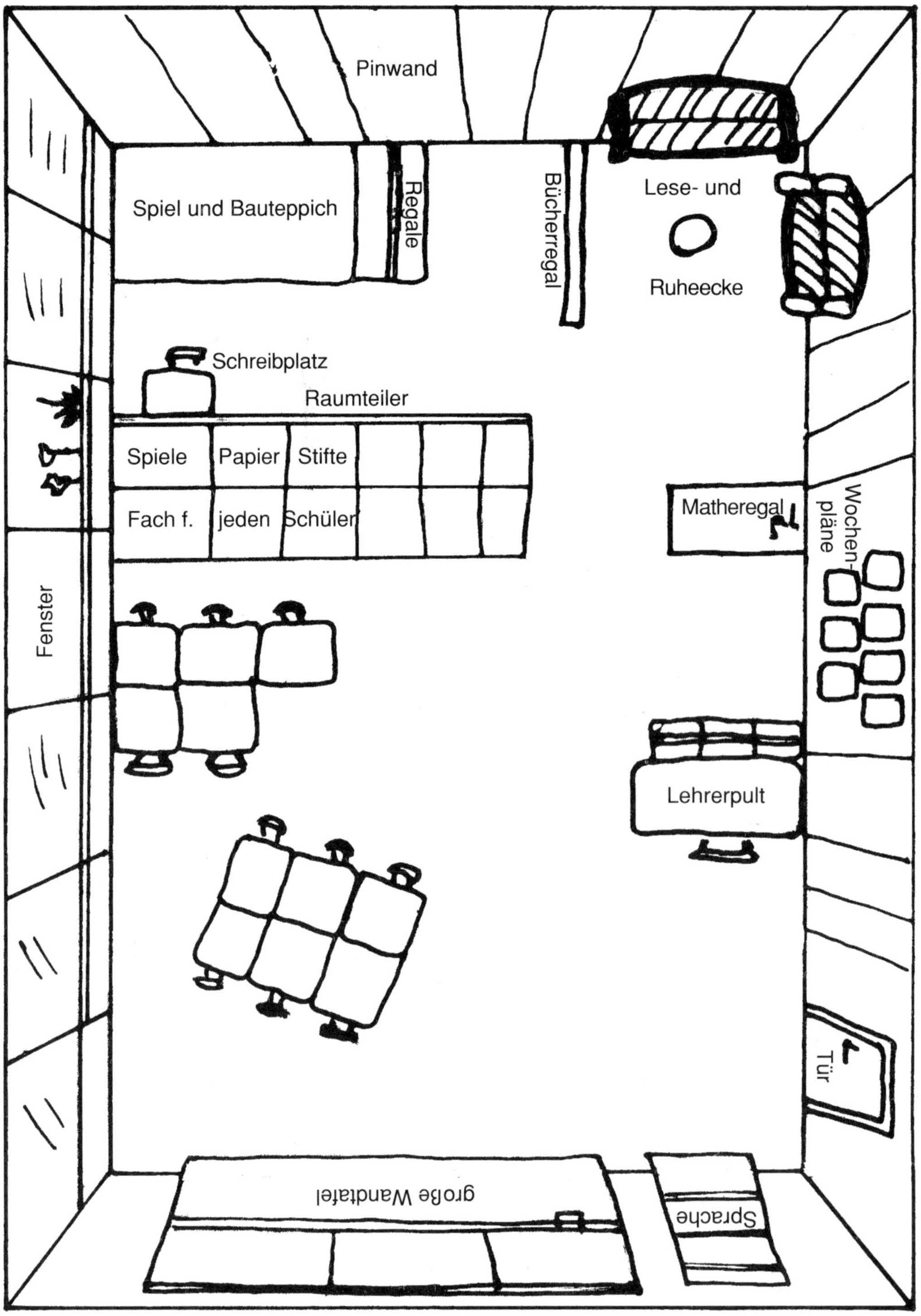

Abb. 2: Beispiel für die Einrichtung einer Klasse

schönen Stoffen ist es auch möglich, weniger attraktive Klassenräume mit fest verankertem Mobiliar umzugestalten.

Stundenplan und Zeiteinteilung für Freie Arbeit

Für die Freie Arbeit gibt es verschiedene Organisationsmöglichkeiten. Je nach ihrem Anspruchsniveau nimmt sie verschiedene zeitliche Anteile im Stundenplan ein.

Generell ist es zunächst wichtig, daß der Stundenplan einer Klasse offen für Veränderungen ist und damit Raum für ganztägige Projekte geschaffen wird. Auch das Aufsuchen von Lernorten außerhalb der Schule sollte beispielsweise nicht durch eine manifeste Mahlzeitenregelung erschwert werden.

Ebenso behindert ein fester 45 Minuten-Takt mit Klingelzeichen die Freie Arbeit. Eine gute Regelung besteht in der Gliederung des Schultages in 90-Minuten Blöcke; innerhalb dieses Zeitabschnittes werden Lernphasen und Pausen von Lehrern und Schülern einer Klasse selbständig organisiert. Die Vorteile von gemeinsamen Hofpausen für alle und festgelegten Essenzeiten bleiben erhalten.

Die Organisation der Freien Arbeit für jede einzelne Klasse ist abhängig vom Alter der Schüler, dem zeitlichen Ausmaß der Freien Arbeit, der evtl. Kooperation mit anderen Klassen und vielen anderen Variablen. Hier zwei Möglichkeiten:

1. Beispiel: Mittelstufenklasse, die bereits seit längerer Zeit mit Freier Arbeit vertraut ist.

Die Freie Arbeit ist in dieser Klasse in einer Wochenplanarbeit mit einem zeitlichen Anteil von 3 Blöcken organisiert und auf das Unterrichtsfach UMZG begrenzt.

	MO	DI	MI	DO	FR
1. Block	Wochenanfang	Schwimmen	Sport	Werken	Vorh.
Klassenfrühstück					
Hofpause					
2. Block	WP	Vorh.	WP	Vorh.	WP Freitagskreis
Mittagessen					
Hofpause					
nachmittags	Vorh.	Vorh.	Hauswirtschaft	Vorh.	

Abb. 3: Möglicher Stundenplan in einer Mittelstufenklasse

Alle Lernbereiche, die einen speziellen Raum erfordern, werden im Stundenplan ausgewiesen – alle anderen Stunden in der Klasse werden mit Vorhaben (Vorh.) bzw. dazu begleitend als Wochenplanarbeit (WP) bezeichnet.

2. Beispiel: Unterstufenklasse, die mit Freier Arbeit beginnen möchte.

Kernpunkte hier sind als fester Bestandteil des Tages der Morgenkreis mit Tagesplanung und anschließender Tagesaufgabe und am Nachmittag die freien Spielphasen. Eine zeitliche Orientierung soll mit Hilfe eines jeden Morgens mit Symbolen erstellten Tagesplans angebahnt werden. Daran schließt sich die Tagesaufgabe an, die zeitlich begrenzt ist, zunächst vom Lehrer bestimmt wird, aber immer mehr mit den Schülern gemeinsam überlegt werden soll. Wichtig in den Spielphasen am Nachmittag sind folgende Aspekte:

- das Spielangebot ist breit aber noch überschaubar
- das Spielangebot wechselt z.B. monatlich mit festen Schwerpunkten

Hier ergibt sich folgender Stundenplan:

	MO	DI	MI	DO	FR
1. Block	MK TA	MK TA	MK TA	MK TA	Sport
Klassenfrühstück					
Hofpause					
2. Block	Vorh.	Schwimmen	Hauswirtschaft	Vorh.	Wochen Abschluß
Mittagessen					
Hofpause					
nachmittags	FS	FS	FS	FS	

MK: Morgenkreis TA: Tagesaufgabe FS: Freies Spiel

Abb. 4: Möglicher Stundenplan in einer Unterstufenklasse

Je nachdem, welches Stadium die freie Arbeit erreicht hat, wie die Schüler mit derartigen Arbeitsformen umgehen und wie die äußeren Bedingungen der Schule sich darstellen, gestalten sich die Stundenpläne in ganz unterschiedlicher Form.

Wie kann die Freie Arbeit günstig strukturiert werden?

Allgemeines zur Arbeit nach Wochenplänen

Die Freie Arbeit kann zunächst beispielsweise auf ein bis zwei Unterrichtsblöcke pro Woche beschränkt und erst allmählich erweitert werden. Sie soll aber von Anfang an ein fester, regelmäßig wiederkehrender Bestandteil des Stundenplanes sein und für die Schüler eine sichtbare, feste Struktur aufweisen.

Eine Möglichkeit, mit Freier Arbeit zu beginnen, ist die Form der Wochenplanarbeit. Die Schüler erhalten oder erarbeiten gemeinsam am Anfang jeder Woche einen schriftlichen Plan, der Aufgaben aus verschiedenen Inhaltsbereichen oder auch nur aus einem Fachbereich enthält. In dafür vorgesehenen Stunden im Stundenplan bearbeiten die Schüler diese Aufgaben weitgehend selbständig. Einzel-, Gruppen- und Partnerarbeit kommen als Sozialformen der Wochenplanarbeit zum Einsatz. Die Form der Wochenplanarbeit eignet sich besonders für den Einstieg in die Freie Arbeit. Sie kann den Schülern die erforderliche Orientierung geben und bietet gute Möglichkeiten, von zunächst mehr fremdbestimmten Aufgaben durch den Lehrer, zu einer immer größer werdenden Selbstbestimmung über Arbeitsinhalte, Lernpartner und Materialien hinzuführen.

Abb. 5: Dimitrios beschriftet seinen Wochenplan

Aufbau und Gestaltung von Wochenplänen

Eine gute Orientierung ermöglichen Wochenpläne, die folgende Aspekte bei ihrer Gestaltung berücksichtigen. Der Plan soll:

- groß sein (DIN A 3) und an einem festen Platz angebracht werden (Erleichterung der Orientierung)
- einfach strukturiert sein und einen schnellen Überblick ermöglichen
- vom Schüler selbst gestaltet werden können (z.B. mit Symbolkarten für einzelne Arbeitsmaterialien)
- weitgehend ohne schriftliche Anweisungen auskommen
- gut handhabbar sein und einen langfristigen Gebrauch ermöglichen.

Unter Berücksichtigung dieser Kriterien und der Zuhilfenahme anderer in der Literatur vorgeschlagener Pläne kann für eine Klasse folgender Plan entstehen:

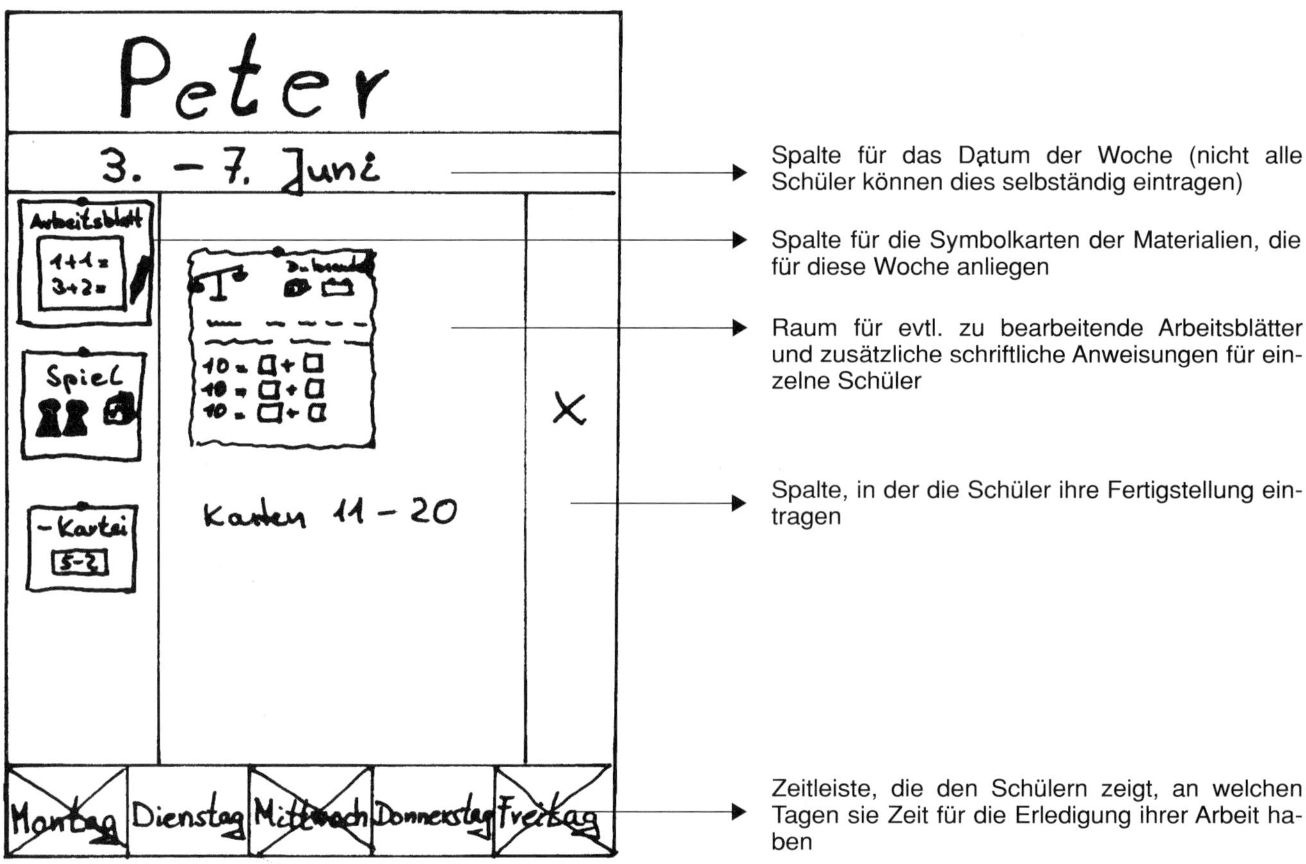

Abb. 6: Beispiel für einen Wochenplan

Will man diesen Plan übernehmen oder in ähnlicher Form verwenden, ist es am einfachsten, auf festen DIN A 3 Karton mit einem dicken Filzstift die dargestellte Einteilung aufzuzeichnen. Die Pläne werden anschließend mit Folie überzogen und sind damit lange verwendbar, wenn man für die Beschriftung wasserlösliche Folienstifte benutzt. Vor der Einführung des Plans müssen den Schülern selbstverständlich sowohl die Arbeitsmaterialien als auch die dazugehörigen Symbolkarten bekannt sein.

Orientierungsrahmen der Freiarbeitsstunden

Günstig bei der Freiarbeit ist ein formalisierter Ablauf wie zum Beispiel der folgende:

Am *Anfang* jeder Stunde sammeln sich Schüler und Lehrer in der Sitzecke. Je nach Stimmungslage kann man sich zunächst Zeit für das Singen eines Liedes oder für einen Gesprächskreis über das Wochenende bzw. wichtige Pausenereignisse lassen.

Einstimmen auf die WP-arbeit können wir die Schüler mit einem kleinen Spiel (Beispiele vgl. Anhang) oder mit der Durchführung eines kleinen Experimentes, das bereits mathematischen Charakter hat. Die Zielsetzungen dieser Phase bestehen in der Schaffung einer konzentrierten Atmosphäre, in der Sozialwahrnehmung und im kognitiven Bereich darin, Zahlen als unterschiedliche Bedeutungsträger zu erfahren.

Ein Beispiel: „Rechnen mit Tönen“

Alle Schüler sitzen im Kreis. Ein Schüler bekommt ein Musikinstrument (Handtrommel, Klangstäbe, Triangel...) und spielt damit x-mal möglichst gleichmäßig bzw. stellt darauf eine einfache Additionsaufgabe. Alle anderen Schüler hören genau zu, zählen leise mit und sagen das Ergebnis.

Abb. 7: Sonja stellt mit Hilfe von Klangstäben eine Rechenaufgabe für die Klasse

Nach einer derartigen Spielform kann dann die eigentliche *Arbeitsphase* beginnen, in der die Schüler am Wochenanfang zunächst ihren WP gestalten bzw. während der Woche direkt mit der Arbeit beginnen.

Jeweils gegen Ende des Unterrichtsblockes werden die Schüler auf das baldige *Ende* der Stunde aufmerksam gemacht, so daß aber noch ca. 15 Minuten für die Fertigstellung bzw. auch für kurze andere Aktivitäten (Würfelspiel, Bücherecke, Gitarre spielen im Nebenraum) verbleiben.

Vereinbarung von Regeln

Ein Klassenraum – mehrere Schüler, die zur selben Zeit alle einer anderen Beschäftigung nachgehen, das erfordert von den Schülern viel Rücksichtnahme und Disziplin. Lehrer und Schüler müssen gemeinsam einfache und klare Regeln vereinbaren, die eine derartige Arbeitsform ermöglichen. Gerade in dem Moment, wo zwei Schüler zusammen ein Würfelspiel spielen und andere konzentriert Aufgaben rechnen, kann es schnell zu Konfliktsituationen kommen.

Bei der Einführung der WP-arbeit müssen deshalb einfache Regeln verabredet, in Form von Symbolen notiert, ggf. aufgeschrieben und in der Klasse sichtbar aufgehängt werden. Vorschläge:

1. Ich/ Wir arbeiten leise, ohne andere zu stören
2. Jede angefangene Arbeit wird beendet, ehe eine neue gewählt wird
3. Ich räume meinen Arbeitsplatz auf und kreuze am WP an, was ich gemacht habe
4. Ich rufe nicht immer sofort nach dem Lehrer (Symbole vgl. Anhang)

Zur Rolle des Lehrers

Selbstbestimmtes Lernen erfordert vom Lehrer die Fähigkeit, sich als dominante Person im Unterrichtsgeschehen mehr und mehr zurücknehmen zu können. Seine Hauptaktivität besteht in einer *teilnehmenden Beobachtung* der Schüler bei ihren Aktivitäten: Er soll

1. helfen, beraten und anregen

bei Entscheidungsschwierigkeiten, Verständnisproblemen, evtl. sozialen Konflikten und bei der Erarbeitung von Problemlösungsstrategien.

Wichtig ist, daß der Lehrer versucht, mehr non-direktiv zu beraten, d.h. die Schüler letztendlich selbst eine Lösung finden zu lassen. In dieser Rolle muß sich der Lehrer vor allem individuell auf jeden Schüler einstellen können.

Oft reicht eine kurze Form der Bestätigung bereits aus. Mit langsamen Schritten versuchen wir, die Lehrerfixiertheit unserer Schüler ein Stück weit aufzubrechen, damit sie sich selbst von der Bestätigung durch den Lehrer unabhängiger machen (vgl. Lernziele).

2. *mitspielen oder einzeln mit einem Schüler arbeiten*

In einer Klasse, die in den WP-arbeitsstunden jeweils mit zwei Lehrern besetzt ist, besteht die Möglichkeit, z.B. in einer Gruppe nach Aufforderung durch die Schüler mitzuspielen. Wichtig ist auch hier das Sich-zurücknehmen-können; der Lehrer sollte sich im Spiel als gleichberechtigter Spielpartner betrachten. Eine Doppelbesetzung erlaubt außerdem die Einzelarbeit eines Lehrers mit einem Schüler, die z.B. bei neuen Aufgabenbereichen für einen Schüler notwendig sein kann. Ebenfalls können evtl. einzelne Schüler phasenweise in ihrer Arbeit konsequent begleitet werden, wenn sie dies benötigen.

3. *beobachten*

wie die Schüler sich in ihrem Umgang mit Materialien, in sozialen Prozessen und in ihrer Entscheidungsfindung verhalten. Aus der Beobachtung kann der Lehrer Rückschlüsse über eingesetzte und neu zu erstellende Materialien ziehen, individuelle Schwierigkeiten einzelner Schüler und evtl. notwendige Veränderungen in der Arbeitsorganisation erkennen.

Eine derartige Rollenzuweisung gibt dem Lehrer gute Möglichkeiten der Selbstreflexion – diese zu nutzen und für die Weiterführung dieses Vorhabens weiterzuentwickeln, ist eine wichtige Aufgabe für den Lehrer.

Dokumentationen (Tagebuch, Protokoll- und Beobachtungsbögen)

Selbstbestimmtes Lernen enthält für den Lehrer die Schwierigkeit, den Überblick in seiner Klasse zu behalten. Auch bei einer relativ kleinen Lerngruppe ist es wichtig, Dokumentationshilfen zu entwickeln, die Rückschlüsse auf das Arbeits- und Sozialverhalten, besondere Schwierigkeiten, Erfolge und auf den individuellen Lernstand der Schüler zulassen. Dafür gibt es verschiedene geeignete und weniger geeignete Formen, die sich vor allem in ihrem Komplexitätsgrad unterscheiden.

In einem *Tagebuch* können z.B. frei formulierte Beobachtungen aus den einzelnen Stunden zusammengetragen werden, die in einer ungeordneten Form Besonderheiten und Schwierigkeiten erkennen lassen. Über einige Schüler wird in diesem Tagebuch jedoch nur wenig stehen – dies sind die unauffälligen und problemlosen Schüler. Um für jeden Schüler die Auswahl und auch die vorgegebenen Materialien für einen längeren Zeitraum nachvollziehen zu können, sollte des weiteren ein Protokollbogen geführt werden, auf dem der Lehrer die gewählten Materialien in Kurzform eintragen kann. Dies erfordert am Material ein genaues Ordnungssystem (z.B. Numerierung der Arbeitsblätter). Anhand dieses Protokollbogens (siehe Abb. 8, S. 19) können vorgegebene Materialien und die einzelnen Schwerpunktsetzungen abgelesen, aber auch die Auswahl der von den Schülern gewählten Materialien beobachtet werden (ein Blanko-Bogen befindet sich im Anhang).

Eine sehr langfristig ausgerichtete Möglichkeit, Entwicklungsschritte zu beobachten, bietet ein *Beobachtungsbogen* (ein Blanko-Bogen befindet sich im Anhang), der aus Beobachtungskriterien aus der Literatur und aus frei formulierten Aspekten zusammengetragen wurde. Eine große Hilfestellung bietet auch der von V. LÄNGSFELD erarbeitete Beobachtungsbogen (vgl. V. LÄNGSFELD 1989 Heftmitte).

In etwa halbjährlichen Abständen sollten langfristige Prozesse auch schriftlich festgehalten werden.

Mit derartigen Dokumentationshilfen läßt sich die Entwicklung jedes Schülers verfolgen und können die sich daraus ergebenden notwendigen Hilfestellungen und Materialien weiter geplant werden.

Erhebung der Lernausgangslage

Die Feststellung einer genauen Lernausgangslage ist interessant für die Ermittlung der nächsten Lernziele jedes einzelnen Schülers und liefert uns ebenfalls wichtige Hilfen für die genaue Form und Organisation der Freien Arbeit (Planung der Materialien, Art und Ausmaß der Freien Arbeit und Art der Hilfestellung). Wichtig dabei ist die Erhebung der Lernvoraussetzungen in den Bereichen: Selbständigkeit, Motivation, Sozialkompetenz, gleichzeitig aber auch die Berücksichtigung mathematischer Grundlagen. Zweck der Erhebung ist die Ermittlung der Förderbedürfnisse, die sich bei Gebrauch der Übersichtstabellen auf den Seiten 20 und 21 (Abb. 9-11) gut erkennen lassen.

Abb. 8

Beispiel für einen Kurzprotokollbogen für 7 Wochen

Protokollbogen: August – September
* selbst gewählte Aufgaben

Zeitraum	Wochenplan 1	Wochenplan 2	Wochenplan 3	Wochenplan 4	Wochenplan 5	Wochenplan 6	Wochenplan 7
August-September	13.-17.8.	20.-24.8.	27.-31.8.	3.9.-7.9.	10.9.-14.9	17.9.-21.9	24.9.-28.9.
Monika Schwp.: schrift. Addit.	– Zehner/Einer Tafel schrift. Addition ohne Zehnerüberschreit * Heinevetter, Blatt Nr. 3	– Becherspiel Bündelung der Spatel (Zehner /Einer) * s. oben neue Aufgaben	– Becherspiel mit Aufgaben zur schriftl. Add. mit Zehnerüberschrei-tung *Rechenpuzzle (alle)	– Bunte Stäbe mit Arbeitsblatt 42	* Würfelspiel mit der Rechenwaage	– Rechenheft Cornelsen S. 7 * Rechendomino: Hai, Küken, Delphin	– Spiel: Tischfußball * Rechenheft Cornelsen S.9
Silvia Schwp.: Kennenlernen verschiedener Materialien	– Zählbrett, roter Kartensatz * Spatelspiel Zahlenreihe bis 20 * Aufgaben bis 10	– Arbeitsblatt 14 * Spiel: Schweinerennen	– Puzzlekarten weiße Karten * Zahlbrett	– Bierdeckeltrainer Scheibe 4	* Bierdeckeltrainer Scheibe 3	– Rechendomino: Hai * Arbeitsblatt 13	– Spiel: Klettern u. Rutschen * Rechenpuzzle Nr. 3
Mike Schwp.: Subtraktion	– Rechenpuzzle 4 * Arbeitsblatt 31	– (- Kartei) Aufgabe 1-10 * Spiel: Schweinerennen	– (-Kartei) Aufgabe 11-20 * Arbeitsblatt 32	– (-Kartei) Aufgabe 21-30	* Arbeitsblatt Nr. 36	– letzte Karten der Kartei * Arbeitsblatt 36 mit Waage als Hilfe-stellung	– Spiel: Klettern u. Rutschen * Spatelspiel
Sascha Schwp.: Begriffe gleich/ungleich	* Bierdeckeltrainer Scheibe 1 – Waage: Begriff =	– Waage mit Aufgabenkarten * Anspitzmaschine	– Waage Begriff = und ≠ * Zahlendruck-kasten	– Waage Begriff = und ≠ mit unterschiedl. Materialien	* Zahlen drucken und würfeln	– Zählbrett – Krank	– Spiel Tischfußball * Käferdomino
Marion Schwp.: Rechnen mit Geld	– Rechenpuzzle 3 * Lük-Kasten Blatt 5	– Zählbrett, roter Kartensatz * Spiel: Schweinerennen	– Domino (Bild) * Spiel: Schweinerennen	– Geldstreifen (Gelb)	– Spatelspiel * Aufgaben bis 20	– Geldstreifen blau * Spiel: Tischfußball	– Spiel: Klettern u. Rutschen * Klappordner Karten 2
Peter Schwp.: Rechnen mit Geld	– Geldstreifen (gelb) * Bierdeckeltrainer Scheibe 3	– Geldkartei Karten 1-8 * Bierdeckeltrainer Scheibe 4	– Geldkartei Karten 9-13 * Arbeitsblat 14	– Geldkartei 14-21	Krank	– Geldstreifen gelb Schweinerennen	– Spiel: Schweinerennen * Arbeitsblatt
Anna Schwp.: + Aufgaben im ZR bis 10	– Arbeitsblatt 11 * Spiel: Schweinerennen	– Puzzle Karten blauer Kartensatz * Spiel Schweinerennen	– Domino (Küken) * Spiel: Schweinerennen	– Rechenpuzzle Nr. 3	* Arbeitsblatt Nr. 13	– Bierdeckeltrainer Nr. 3 * Spiel: Tischfußball	– Spiel: Klettern u. Rutschen * (- Kartei) Karten 1- 5

Beispiele für abgeleitete Förderbedürfnisse:

Peter: ➔ *Förderbedürfnis:* Mut zu unbekannten und offenen Aufgabenstellungen, Hinführung zu Partner- und Gruppenarbeit, weitere Unterstützung des Selbstvertrauens.

Lisa: ➔ *Förderbedürfnis:* Vergrößerung ihrer Frustrationstoleranz, Stärkung ihres Selbstbewußtseins gegenüber Fremden und neuen Situationen, Erweiterung ihrer Spielfähigkeit auch mit gleichwertigen Spielpartnern.

Christian: ➔ *Förderbedürfnis:* Hilfen zur Selbsteinschätzung seiner Fähigkeiten, Hinführung dazu, Probleme selbständig zu bearbeiten und zu kontrollieren, Einordnen und Einbringen seiner Ideen in Gruppenarbeiten unabhängig vom Lehrer, Erweiterung seiner Konzentrationsfähigkeit.

Sonja: ➔ *Förderbedürfnis:* weitere Förderung, mit Material selbständig und sicher umzugehen; Verlängerung ihrer Konzentrationsfähigkeit.

Macht man sich mit Hilfe nachfolgender Bögen in etwa 1/2 jährlichen Abständen Gedanken zu jedem einzelnen Schüler, erhält man eine wertvolle Grundlage für die genaue langfristige Planung der Freiarbeitsstunden. Diese kann gleichzeitig auch Grundlage für Berichte am Schuljahresende sein sowie eine Möglichkeit, neue Kollegen über die Freie Arbeit in dieser Klasse zu informieren. Für die Handhabung dieser Bögen ist es sinnvoll, zuerst die Lernvoraussetzungen im Bereich UMZG zu bestimmen, die zunächst Grundlage für das Niveau der Arbeitsmaterialien sind. Bei einigen Aspekten wird man sich wahrscheinlich bei seinen Schülern unsicher sein. Hilfreich kann da ein kleiner „Test“ sein, der in Begleitung eines Lehrers durchgeführt werden kann und der versucht, einige Aspekte zu klären. Eine eigene Einschätzung des Lehrers ist dabei jedoch erforderlich; der Lehrer selbst sollte die genaue Form bestimmen (Blanko-Test im Anhang).

Ermittlung der Lernvoraussetzungen im mathematischen Bereich:

Abb. 9-11 Möglichkeiten der Ermittlung der Lernvoraussetzungen

	großes Förderbedürfnis ● ◑ ○ sicher							
Mengen	ordnet zu: einen Gegenstand zu einer Person/ Gegenstand/ Platz							
	stellt Mengen mit Material bis ☐ her							
	simultane Mengenerfassung bekannter Würfelbilder							
	wendet Begriffe: gleichviel, mehr als, weniger als in konkreten Situationen sicher an							
Zahlen/Ziffern	liest Ziffern bis ☐ sicher							
	schreibt Ziffern bis ☐							
	ordnet einer ungeordneten Menge richtige Zahlen zu bis ☐							
	stellt zu einer Zahl die entsprechende Menge her							
	versteht die Reihenfolge der Zahlen bis ☐							
	vergleicht Mengen durch Abzählen bis ☐							
Operationen	fügt 2 Bildmengen zusammen bis ☐							
	zerlegt einer Bildmenge in zwei Mengen							
	erkennt, das eine Menge gleich bleibt, wenn gleiche Anzahl hinzugefügt bzw. weggenommen wird							
	zählt Zahlen mit Anschauung bis ☐							
	führt Subtraktionen mit Anschauung bis ☐ durch							

Abb. 9

	großes Förderbedürfnis ● ◑ ○ gut							
Lernbereich: Selbständigkeit	wählt Material selbständig aus							
	kann Leistungen selbst einschätzen							
	kann Aufgaben variieren							
	wählt Lernort selbständig aus							
	arbeitet ohne Lernhilfe							
	orientiert sich am WP							
	entnimmt bekanntem Material selbständig Aufgabenstellung							
	orientiert sich im Material							
	nutzt Selbstkontrolle sachgerecht							
	ist unabhängig vom Lehrerlob							
Lernbereich: Motivation	freut sich auf WP Stunden							
	kann ausdauernd arbeiten							
	kann konzentriert arbeiten							
	äußert sich positiv über die Arbeit							
Lernbereich: Soziale Konpetenz	ist zu Gruppen- und Partnerarbeit fähig							
	kann sich mit anderen absprechen							
	nimmt Rücksicht auf andere							
	beachtet Regeln der WP-arbeit							
	kann über Problemstellungen diskutieren							

Abb. 10

		großes Förderbedürfnis ● ◑ ○ sicher							
Operationen		erkennt Umkehrung Addition - Subtraktion							
		zählt Zahlen ohne Anschauung zusammen bis □							
Größen	Geld	kennt 10 Pf, 50 Pf, 2 DM, 5 DM-Stücke							
		kennt Tauschwert der Münzen 5 DM = 5 x 1 DM							
		kann aus zwei verschiedenen Münzarten Geldbetrag darstellen							
		kann Preise: billiger - teurer vergleichen bis □							
		hat reales Preisverständniss von bekannten Waren bis □							
	Waage	wendet Begriff schwer - leicht an der Waage richtig an							
		vergleicht Gegenstände und Gewicht mit der Waage							
	Uhr	ordnet Tageszeiten entsprechende Uhrzeiten zu							
		liest volle Stunden richtig ab							

Abb. 11

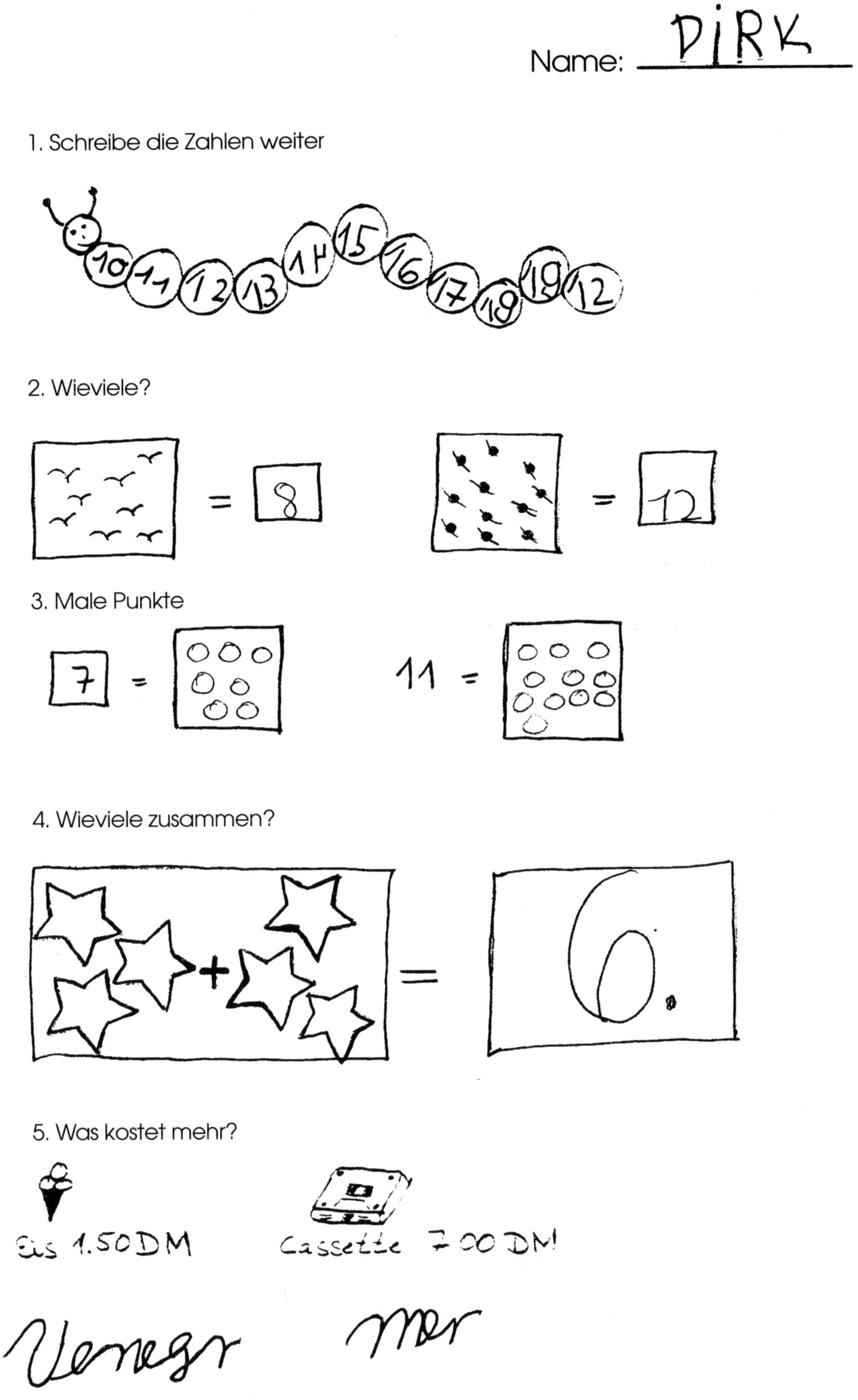
Name: DIRK

1. Schreibe die Zahlen weiter

10 11 12 13 14 15 16 17 18 19 12

2. Wieviele?

= 8

= 12

3. Male Punkte

7 =

11 =

4. Wieviele zusammen?

= 6.

5. Was kostet mehr?

Eis 1.50 DM

Cassette 7.00 DM

Ulenegr mer

Abb. 12: Beispiel für einen ausgefüllten Test

6. Was kostet das?

1 Schokolade ~~1DM~~ 1 DM
1 l Milch 1DM
1 T-Shirt 5 DM
1 Dose Cola 1DM

7. Wie spät ist es?

mittags halb 12
beim Aufstehen 7 Uhr 7.30
wenn Schule zu Ende ist halb vier
wenn ich schlafen gehe 8 Uhr

8. Wie spät?

6 12

2

9. Stelle an einer Uhr ein:

10 Uhr	**12 Uhr**	**4 Uhr**	**9.30 Uhr**
halb 10	halb 12	gr 4	gr 10
gr 4		Kl 9	Kl 4

Hat man mit Freier Arbeit begonnen, kann man nach ca. zwei bis vier Monaten versuchen, erste Aussagen über die Lernausgangslage der Freien Arbeit zu machen. Daraus ergeben sich dann die als langfristig zu verstehenden Förderbedürfnisse.

Welche Unterrichtsmaterialien und Medien werden für die Freie Arbeit benötigt?

Die Auswahl von Arbeitsmaterialien hinsichtlich der Förderbedürfnisse und Interessen der Schüler spielt für die vorbereitete Umgebung eine wichtige Rolle. Bei der Auswahl und Erstellung müssen folgende Aspekte berücksichtigt werden:

Das Material soll:

- einfach in seinem Verständnis sein (→ Nutzung der Grundprinzipien bekannter Materialien wie Memory, Puzzle, Quartett, Domino)
- eine einfache Selbstkontrolle ermöglichen (→ Übereinstimmung von Farben, Formen, Ecken)
- vielfältige Mengen-, Zahlen- und Größenaspekte aufweisen und zu einer handelnden Auseinandersetzung anregen
- gut handhabbar und erweiterungsfähig sein (→ Haltbarmachung durch Überziehen mit Folie)
- mehreren Niveaustufen entsprechen und nach Möglichkeit Variationen in der Bearbeitung zulassen
- unterschiedliche Sozialformen ermöglichen
- bewußt nur als Einzelexemplar vorhanden sein, damit Einigungsprozesse unter den Schülern initiiert werden.

Darüberhinaus sollte das Material den aufgezeigten Förderbedürfnissen weiter entgegen kommen, indem

- es die *Konzentration* fördert: Kurze Aufgaben – schnelle Erfolgserlebnisse
- das *Selbstwertgefühl* erweitert wird: Ermöglichung persönlicher Erfolge unabhängig vom Lehrer
- es die *Motivation* weiter fördert: motivierende Gestaltung, spielerischer Charakter
- es *soziale Gruppenprozesse* anregt: Gruppenspiele, Partnerarbeit, Rücksichtnahme
- die *Frustrationstoleranz gesteigert* werden kann: angenehmes, positives Lernklima

Nicht jedes Material kann dabei allen Kriterien entsprechen; es sollte jedoch möglichst viele anstreben und den Gedanken der Anbahnung selbstbestimmten Lernens berücksichtigen. Durch Beachtung dieser Kriterien tragen die Arbeitsmaterialien erheblich dazu bei, das Maß an lehrerzentrierten Anteilen in diesen Stunden zugunsten von Selbsttätigkeit der Schüler zu verringern.

Dabei ist es notwendig, viele Materialien selbst herzustellen, da es speziell für die Schule für Geistigbehinderte in diesem Bereich nur wenig käufliches Material gibt und das Material aus der Grundschule nur selten ohne Änderungen übernommen werden kann. Eine große Hilfe bieten einige Freiarbeitsverlage mit dem Anbieten von Blanko- bzw. Halbfertigmaterial, das individuellen Bedürfnissen entsprechend gestaltet werden kann. (Verlagsadressen im Anhang). Die Vorstellung einzelner möglicher Materialien für bestimmte Lernbereiche erfolgt im Anhang.

Bei der Benutzung von Arbeitsblättern in der Freien Arbeit sollte man folgende Kriterien beachten:

- Wahlmöglichkeit: Der Schüler kann aus einem Angebot sein Arbeitsblatt frei auswählen. Eine mögliche Organisationsform besteht in dem Gebrauch eines Aktenständers mit einer farblich gekennzeichneten Einhängemappe für jeden Schüler. Der Lehrer ordnet in etwa 4-wöchigem Abstand individuell in jede Schülerakte mehrere Arbeitsblätter ein, aus denen sich der Schüler jeweils eines auswählen kann.
- Selbstkontrolle: Viele Arbeitsblätter aus käuflichen Kopiervorlagen beziehen Selbstkontrollmöglichkeiten immer mehr mit ein. Gestaltet man selbst Arbeitsblätter besteht eine einfache Selbstkontrollmöglichkeit auch darin, daß man dem Schüler ein Lösungsblatt anbietet, anhand dessen er seine Ergebnisse vergleichen kann.
- Aufforderungscharakter: Arbeitsblätter sollten motivierend gestaltet sein und nicht zu viele Aufgaben enthalten. Eine sehr beliebte Form bieten viele Verlage z.B. mit Ausmalbildern an.

Wie wird die Freie Arbeit eingeführt?

Wählt man die Wochenplanarbeit als eine Möglichkeit aus, um mit Freier Arbeit zu beginnen, kann man die Einführung am übersichtlichsten in aufeinander aufbauenden Phasen darstellen. Über das zeitliche Ausmaß der einzelnen Phasen ist jedoch in jeder Klasse individuell zu entscheiden.

1. Phase: Die Einführung von didaktischen Materialien

Jedes einzelne Arbeitsmaterial wird in der Klasse eingeführt und bezgl. seiner Nutzungsmöglichkeiten und Handhabbarkeiten erprobt und besprochen. Zu jedem Material gehört dabei auch ein Materialkasten mit einem darauf angebrachten Symbol für dieses Material.

Ein fester Platz in einem extra dafür eingerichteten Regal oder Schrank wird mit den Schülern vereinbart.

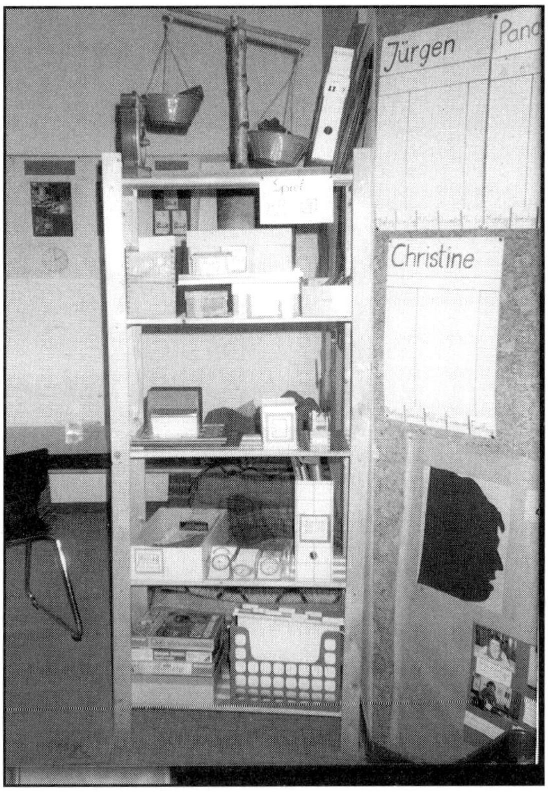

Abb. 13: Das Materialregal

2. Phase: Erlernen von Arbeitsformen

Einzel-, Partner- und Kleingruppenarbeit werden anhand geeigneter Materialien erprobt. Weiter werden Regeln für die WP-arbeit verabredet und die Arbeitsweise der Selbstkontrolle eingeführt.

3. Phase: Einführung eines Wochenplanes

Jeder Schüler erhält einen einfachen und klar strukturierten Wochenplan mit seinem Namen, der an einem festen Platz an der Wand angebracht wird. Aus diesem Plan entnimmt der Schüler Arbeitsaufträge hauptsächlich in Form von Symbolkarten oder kurzen schriftlichen Anweisungen. Das Schreiben mit Folienstiften auf diesem Plan, die Beschriftung und das Abräumen werden mit allen Schülern geübt.

4. Phase: Erarbeitung der Struktur der WP-arbeitsstunden

Ein fester Orientierungsrahmen, bestehend aus einem gemeinsamen Anfangsspiel, einer Arbeitsphase und Aufräumphase wird mit den Schülern verabredet.

5. Phase: Verbindliche Aufgaben

Die Schüler erhalten am Anfang der Woche zwei Arbeitsaufträge, die sie in einer Woche erledigen sollen. Die Schüler müssen sich für eine Tätigkeit pro Stunde entscheiden.

6. Phase: Verbindliche und selbstbestimmte Aufgaben

Die Schüler sollen bei der Wochenplangestaltung aktiv mitwirken, indem sie anfangs einzelne Aufgaben in Begleitung und in Absprache mit dem Lehrer gemeinsam überlegen, andere Aufgaben zunächst noch vom Lehrer erhalten. Das Maß der Bestimmung durch den Lehrer soll langsam immer mehr abgebaut werden. Zuletzt gestalten die Schüler ihren Wochenplan weitgehend selbständig.

7. Phase: Erweiterung der WP-arbeit um den Wochenabschluß bzw. Freitagskreis

Im Freitagskreis sollen die Schüler die Gelegenheit erhalten, ihre Arbeit vorzustellen, Probleme zu diskutieren und evtl. Wünsche für die kommende Woche zu formulieren. Am Ende dieses Kreises räumen die Schüler ihren Wochenplan ab, so daß die Pläne am Wochenanfang wieder neu gestaltet werden können.

Neben dieser Arbeit finden im Lernbereich Umgang mit Mengen, Zahlen und Größen immer wieder Phasen statt, in denen mehr lehrgangsorientiert mit der Gesamtklasse gearbeitet wird (z.B. Rollenspiele für den Umgang mit Geld, die Uhr im Tagesablauf). Die hier benutzten Materialien (Einkaufsgegenstände, Fotos des Tagesablaufes..) sollen dann in den Wochenplanarbeitsma-

Abb. 14: Peter arbeitet mit der Rechenscheibe

terialien möglichst in ähnlicher Form wieder auftauchen. Es kann also z.B. ein Gelddomino mit kleinkopierten Abbildungen hergestellt werden, die zuvor als Gegenstände im Einkaufsspiel benutzt wurden. Hat man den Tagesablauf mit den Schülern nachgespielt und fotografiert, können diese Fotos für Zuordnungsübungen, Spielformen und als Memory benutzt werden. Geeignetes Blankomaterial erleichtert das Basteln dabei sehr; man kann auch die Schüler und/oder die Eltern bei der Herstellung beteiligen.

Ausgewählte Stundenbeispiele:

Im folgenden soll das Verfahren der Freien Arbeit an einigen Beispielen exemplarisch dargestellt werden. Bei der Darstellung der Stunden werden jeweils unterschiedliche Schwerpunkte gesetzt. Die drei Beispiele beziehen sich auf:

- eine „normale“ Freiarbeitsstunde mit möglichen Beobachtungshilfen für den Lehrer
- eine Unterrichtsstunde, in der ein neues Element der Arbeitsform Freie Arbeit/Wochenplanarbeit eingeführt wird (Wochenabschluß bzw. Freitagskreis)
- eine Unterrichtsstunde, in der alle Schüler sich mit dem Material Spiel auseinandersetzen im Hinblick auf das Lernen in anderen Sozialformen.

Beispiel 1: Eine ganz normale Freiarbeitsstunde: „Wir arbeiten am Wochenplan“

Verlaufsplanung:

Phase	Handlungsschritte	Medien/Sozialf.
Einstieg	S. und L. versammeln sich in der Sitzecke und singen ein vorgeschlagenes Lied L. schlägt ein bekanntes Anfangsspiel vor: „Eine geheime Botschaft“ S. und L. geben geheime Zeichen (Zahlen als Anzahlen) auf dem Rücken an ihren Nebenmann weiter.	Kreisform im Nebenraum
Orientierung	S. sehen an ihrem WP nach, welche Aufgabe noch nicht erledigt ist. S. holen sich entsprechendes Material aus dem Regal, suchen sich einen Platz und beginnen, ihren Arbeitsplatz einzurichten.	Wochenpläne an der Wand, Materialregal Organisationsform: ungeordnet Platz im Klassen- oder Nebenraum
Arbeitsphase	S. beginnen mit ihrer Arbeit, L.1 führt eine Beobachtung durch. L.2 leistet individuelle Hilfestellung bei evtl. Anfangsproblemen. L.1 erinnert an die letzten 10 Minuten	Einzel- und Partnerarbeit
Abschluß	S. beenden ihre Aufgaben allmählich, räumen ihren Arbeitsplatz auf, tragen im WP „erledigt“ ein und beginnen evtl. noch kurze Spiele	

Ergänzende Hinweise:

- zur *Einstiegsphase:*

  Da die Schüler meist sehr aufgeregt aus der Pause wieder in die Klasse kommen, beginnen wir immer mit einem gemeinsamen Lied und danach mit einer anderen Spielform, die Ruhe und Konzentration von den Schülern erfordert. Bei dem Spiel „Eine geheime Botschaft“ wird eine Zahl mit den Fingern auf den Rücken eines Mitschülers geschrieben. Dies erfordert von dem Schüler, der erraten soll, welche Zahl ihm da auf den Rücken geschrieben wird, eine enorme Konzentration.

  Variationen: Anzahlen tippen, Kringel zeichnen, Spielformen mit Würfel, Karten etc. (vgl. Anhang).

- zur *Orientierungsphase:*

  Da dies bereits die zweite WP-stunde in dieser Woche ist, haben alle Schüler nur noch eine Aufgabe, die sie heute bearbeiten. Einige Schüler benötigen noch Hilfestellung beim Ablesen der Arbeitsaufträge aus ihrem WP.

- zur *Arbeitsphase:*

  Um die Schüler ganz allmählich an eine länger andauernde Bearbeitungszeit ohne Lehrerhilfe zu gewöhnen, widmet sich der Lehrer in dieser Zeit nur jeweils einem bestimmten Schüler (bei Neueinführung bestimmter Spiele, Materialien, Arbeitsblätter) oder führt z.B. Beobachtungsaufgaben durch.

  Das Erinnern an die letzten 10 Minuten soll den Schülern zu einer besseren Zeiteinteilung

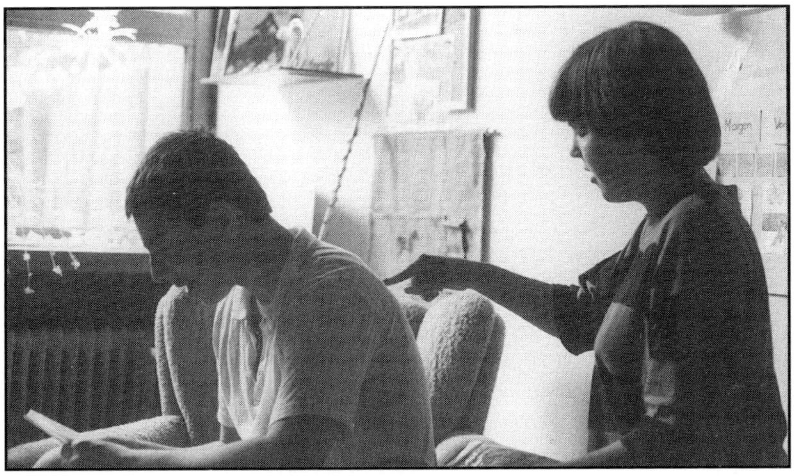

Abb. 15: Sonja schreibt Peter eine Zahl auf den Rücken

verhelfen: Aufgaben können jetzt noch zu Ende geführt werden oder schnelle Schüler noch zum Beginn eines kurzen Spiels angeregt werden.

– zur *Abschlußphase:*

Da die Schüler erfahrungsgemäß ihre Aufgaben nicht alle zum selben Zeitpunkt beendet haben, werden die „schnelleren" Schüler zu leisen Beschäftigungen aufgefordert. Das Kreuz am Wochenplan als Zeichen für die Fertigstellung einer Aufgabe bildet den Schluß jeder Stunde.

Beobachtungshilfen für den Lehrer:

- Ist der Schüler in der Lage, aus einem Materialangebot mit mehreren Niveaustufen entsprechend seinen Fähigkeiten ein Angebot auszuwählen?
- Ist er in der Lage, sich anhand eines Materials ein Prinzip zu erarbeiten?
- Wie geht der Schüler mit Selbstkontrolle um?
- Inwieweit läßt sich der Schüler von dem Tun seines Nebenmannes ablenken?

In Form eines Beobachtungsprotokolles läßt sich auf diese Art und Weise der Umgang jedes Schülers mit der Form der Freien Arbeit gut verfolgen. Die so gewonnenen Aussagen sind Anhaltspunkte für den Lehrer, Art und Ausmaß von Hilfestellung, Strukturierung und Darbietung der Materialien sowie Raum– und Organisationsfragen besser zu hinterfragen. Genaue Beobachtung ist daher ein wichtiges Prinzip in der Freien Arbeit.

Beispiel 2: Der Freitagskreis oder Wochenabschlußkreis

Vorüberlegungen

Das Bedürfnis der Schüler, über ihre Arbeit zu berichten oder sie anderen zu zeigen, stellt sich immer wieder als sehr groß heraus. Häufig ist kein geeigneter Rahmen dafür vorhanden, so daß die Schüler meist nur dem Lehrer die Arbeit zeigen und nur selten ihren Klassenkameraden. Ein Austausch jeweils am Ende einer Freiarbeitsstunde, wie es auch in vielen Grundschulkonzeptionen vorgesehen ist, stellt sich für Geistigbehinderte jedoch eher als ungeeignet dar. Die Schüler benötigen für die Fertigstellung ihrer Arbeiten sehr unterschiedliche Bearbeitungszeiten und sind nur sehr schwer zu einem Abbruch ihrer Arbeit bereit. Ebenfalls sprechen zeitliche Gründe und die begrenzte Aufmerksamkeitsleistung einiger Schüler am Ende der Unterrichtsstunde gegen ein derartiges Reflexionsgespräch. Eine bessere Möglichkeit zur „Reflexion" für die Schüler ist von der Einrichtung eines Schlußkreises am Ende der Woche zu erhoffen, der losgelöst ist von der direkten Arbeit am Wochenplan. Die Schüler haben hier dann wirklich Zeit, sich zu ihrer Arbeit zu äußern, wenngleich nicht außer acht gelassen werden sollte, daß einige direkte Probleme, die beim Bearbeiten einzelner Aufgaben in der Woche entstanden sind, aus der Distanz nicht mehr konsequent aufgearbeitet werden können. Als eine Art Kompromißlösung bietet sich folgende Form an:

In einem Protokollbogen (vgl. Anhang) trägt der Lehrer zu Beginn des Abschlußkreises die einzelnen Arbeitsmaterialien der Schüler ein. Dabei soll der Schüler dem Lehrer entweder durch Zeigen der Symbole an seinem Plan oder durch Ansagen seine Beschäftigungen der Woche erläutern. Der Schüler ist dabei gefordert, durch Nachsehen an seinem Plan noch einmal kurz seine Arbeit zu reflektieren. Der Protokollbogen dient hier als Gesprächsgrundlage, die dem Schüler sein Tun nochmals verdeutlicht und dem Lehrer beispielsweise die Möglichkeit gibt, den Schüler auf eventuelle Häufungen in der Benutzung eines Materials hinzuweisen.

Weitere vom Lehrer protokollierte Beobachtungen aus dem Tagebuch (z.B. heute war es sehr unruhig, ihr habt alle an einem Tischblock gesessen, die Selbstkontrolle ist nicht zum Abschreiben da...) können den Schülern als Erinnerungshilfe im Freitagskreis vorgelesen werden.

Zielsetzung

Langfristig sollen die Schüler mit der Einführung dieses Kreises dahin geführt werden, ihr eigenes Tun im Rahmen der WP-arbeit zu reflektieren.

Verlaufsplanung:

Phase	Handlungsschritte	Medien/ Sozialform	Method. -didakt. Kommentar
Einstieg	– S. und L. sammeln sich in der Sitzecke – L. weist auf das Wochenende hin und die Möglichkeit, im Freitagskreis etwas über die Arbeit am Wochenplan von dieser Woche zu erzählen	Gesprächskreis	Freitageskreis soll den S. Möglichkeiten bieten über ihre Arbeit zu berichten
Planung	– L. zeigt einen Protokollbogen, in den er jeweils die Arbeitsmaterialien aller S. eingetragen hat	Protokollbogen	Protokollbogen ist den S. noch weitgehend unbekannt; L. erläutert einen bereits angefangenen Plan
Arbeitsphase	– S. räumen nacheinander die Symbolkarten von ihrem Wochenplan ab und berichten den anderen S. von ihrer Arbeit in der Woche – Mitschüler und L. hören zu und stellen evtl. Fragen an den Schüler – L. trägt nach dem Bericht jeweils die Arbeitsmaterialien im Protokollbogen ein	Symbolkarten; evtl. einzelne Arbeitsmaterialien Kreisgepräch	S. nehmen sich gegenseitig an die Reihe; sprachlich schwächere S. zeigen evtl. Ergebnisse und werden vom Lehrer ergänzt Protokollbogen dient auch für S. als Möglichkeit, ihre Arbeit langfristig zu beobachten Wenn notwendig (große Schwierigkeiten) wird hier der Schwerpunkt des Freitagskreises gesetzt
Abschluß	– L. liest aus seinem Tagebuch evtl. allgemeine Beobachtungen vor – S. äußern sich kurz und besprechen evtl. notwendige organisatorische Veränderungen – S. säubern und räumen am Schluß Wochenpläne vollständig ab	Tagebuch	

Dabei sollen die Schüler:

- Berichten ihrer Mitschüler aufmerksam zuhören
- ihr eigenes Tun möglichst in Sprache umsetzen
- im Gespräch eigene Ansprüche erkennen und äußern
- die Bedürfnisse anderer Schüler erkennen und berücksichtigen

Weitere Inhalte im Freitagskreis

- Besprechung und Einhalten von Regeln
- der Umgang und das Wegräumen der Materialien
- die Einführung eines neuen Materials/ Spieles
- die Darstellung einzelner Ergebnisse von Schülern wie z.B. die Vorführung eines Experimentes oder das Erzählen einer eigenen Rechengeschichte

Beispiel 3: „Wir spielen mit verschiedenen Rechenspielen“

In diesem Unterrichtsbeispiel geht es darum aufzuzeigen, wie Spiele in der WP-arbeit dazu verwendet werden können, selbstbestimmtes Lernen anzubahnen. Die Schüler müssen Entscheidungen bezüglich der Spielart, der Spielpartner und der Spielweise treffen und dabei zum einen auf ihre eigenen Bedürfnisse achten und zum anderen die der Mitspieler berücksichtigen. Der Lehrer hat in derartigen Stunden gute Möglichkeiten, seine Schüler im Hinblick auf folgende Aspekte zu beobachten:

- Hat der Schüler eine Vorstellung von dem, was er spielen möchte?
- Wie finden sich die Spielgruppen, d.h. mit wem möchte der Schüler spielen?
- Wie einigen sich die Spielgruppen darüber, wie gespielt wird?
- Werden Spielregeln beachtet und inwieweit kontrollieren die Schüler sich untereinander?

Verlaufsplanung:

Phase	Handlungsschritte	Medien/ Sozialform	Method. -didakt. Kommentar
Einstieg	– S. und L. sammeln sich in der Sitzecke und begrüßen sich nach dem Wochenende	Gesprächskreis Wecker	Zur Begrenzung der Zeit benutzen wir einen Wecker Orientierung in der Woche
Planung 1	– L. erläutert Vorschlag über die Arbeit am Wochenplan in Form eines Spiels für diese Woche – S. äußern sich zu diesem Vorschlag und heften dann entsprechende Symbolkarten an ihre Wochenpläne	Symbolkarten „Spiel"	Wenn einzelne S. dem Vorschlag nicht zustimmen, suchen sie sich ein anderes Material S. übernehmen die Verteilung möglichst selbst; schwächere S. mit Lehrerhilfe
Planung 2	– S. äußern Spielwünsche und besprechen Spielgruppen – Spielgruppen holen sich entsprechendes Material und suchen sich einen Platz	verschiedene, bekannte Würfel und Rechenspiele	
Arbeitsphase	– S. spielen in den gewählten Spielgruppen, besprechen evtl. Spielregeln und einigen sich auf Farben etc.	Spielgruppen im Raum	L.1 und L.2 halten sich möglichst zurück oder spielen nach Aufforderung mit
Endphase	– Spielgruppen beenden allmählich ihre Spiele, räumen auf und machen Eintragung auf ihrem Wochenplan		Falls Zeit ist, kurzer Austausch in der Sitzecke

– Inwieweit wird der Lehrer benötigt? Anhand dieser Beobachtungsaufträge wird versucht, den Ablauf einer derartigen Spielstunde zu schildern. Zuvor gilt es jedoch, einige Aspekte aufzuzeigen, die für die Planung einer derartigen Stunde notwendig sind.

Zielsetzung:

Der Schwerpunkt sonderpädagogischer Förderung liegt in dieser Unterrichtsstunde im Aufbau der Fähigkeit, selbstbestimmt in Absprache mit anderen Schülern ein Spiel zu organisieren. Dabei sollen die Schüler:

- nach Spielinteresse bzw. Interessen an Spielpartnern verschiedene Spielgruppen bilden
- evtl. Spielregeln erklären und einhalten können
- im Spiel selbst auf Konfliktsituationen und Probleme situationsangemessen reagieren

Sachanalytische Aspekte:

Bei den in dieser Unterrichtsstunde angebotenen Würfel- und Rechenspielen handelt es sich zum einen um Variationen von bekannten Gesellschaftsspielen, wie z.B. Würfel- und Geldspiele mit einem sehr festgelegten Regelwerk, zum anderen um Spielformen, die in ihrem Regelwerk mehrere Variationen erlauben und schnell abwandelbar sind.

In Rechenspielen geht es mathematisch um verschiedene Zahlen- und Größenaspekte wie z.B. die simultane Mengenerfassung von Würfelbildern, die Eins-zu-Eins-Zuordnung, das Lesen von großen Zahlen, die Einsicht in den Aufbau

Abb. 16: Mike und Petra spielen zu zweit ein Uhrzeitenspiel

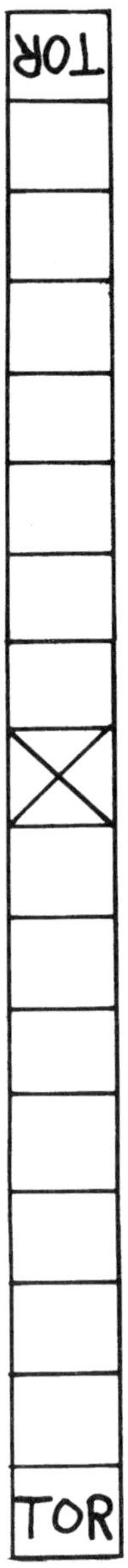

unseres Zahlsystemes, den Umgang mit Geld, das Einhalten von Spielrichtungen usw... Mit Hilfe des Rechenspieles können neben der Möglichkeit, mathematische Kenntnisse lustbetont einzuüben, auch vielfältige soziale Verhaltensweisen gefördert werden. Der Schüler muß Absprachen treffen, sich an Regeln halten, sich über evtl. Variationen einigen und dabei sowohl eigene, als auch Bedürfnisse der anderen berücksichtigen. Ein Spiel muß organisiert werden und zwar nicht nur bzgl. Spielart, Spielpartner und Spielweise, sondern es fordert zusätzliche kleine Entscheidungen, wie Auswahl des Spielortes, Festlegung einer Reihenfolge, evtl. Rollenverteilung (Kasse), evtl. Auswahl von nicht festgelegtem Material (Würfel) und evtl. Zusatzregeln (z.B. muß die Zahl am Ende genau stimmen, bis ich im Ziel bin?). Das Spiel umfaßt damit eine Vielzahl von Komponenten, die vielfältige Gruppenprozesse in Gang setzen können. Es erhält damit in der Freien Arbeit eine wichtige Bedeutung; denn es geht hier um das selbstbestimmte Lernen in Absprache mit anderen Schülern.

Dazu ein Beispiel: Tischfußball

Abb. 17: Möglicher Spielplan eines Tischfußballspiels

Grundgedanke: Zwei Spieler sitzen sich gegenüber und versuchen, durch Würfeln und Setzen der entsprechenden Anzahl den Ball (einen Spielstein) in das Tor des Gegners zu schießen (würfeln). Je nachdem mit welchem Würfel dieses Spiel gespielt wird, ergeben sich unterschiedliche mathematische Aspekte. Mit einem 6er Würfel werden nur ganz wenig Tore erzielt; mit zwei Würfeln oder aber mit einem 9er- oder 12er-Würfel dagegen werden viele Tore geschossen. Hier geht es dann verstärkt darum, Tabellen anzufertigen, in die die Tore eingetragen werden oder kleine Turniere durchzuführen, wobei Ergebnisse eingetragen und verglichen werden. Der Einsatz verschiedener Würfel kann dem Spiel eine ganz andere Zielperspektive geben; es ist somit offen für Spielvariationen der Schüler.

Nach derartigen Spielstunden können verschiedene Förderschwerpunkte aufgrund der Beobachtungen für einzelne Schüler festgelegt und im weiteren Unterricht verfolgt werden: Zum Beispiel:

- Rücksichtnahme und Geduld bzgl. der Bedürfnisse anderer
- Erkennen und Äußern eigener Bedürfnisse
- Unabhängigkeit von der Lehrerperson entwikkeln
- Entscheidungen in Abhängigkeit von der Spielart und nicht nur von der Spielgruppe treffen
- Selbständiges und kreatives Abwandeln von Spielideen

Denkbare Fragen – mögliche Antworten

Frage 1: Was tun mit „Problemschülern“ ?

In einer heterogenen Lerngruppe ist es nicht immer leicht, allen Bedürfnissen der Schüler gerecht zu werden und (im Bezug auf die Freie Arbeit) für alle Schüler die individuell notwendigen Hilfestellungen herauszufinden und zu gewähren.

Besonders in der Anfangszeit der Freien Arbeit gibt es vielfältige Probleme wie:

- das Problem, sich zu entscheiden
- das Problem, eine Arbeit durchzuhalten
- das Problem der Ablenkbarkeit, da jeder Schüler etwas anderes arbeitet
- das Problem, selbständig an einer Lernaufgabe zu arbeiten und bei Schwierigkeiten auf den Lehrer warten zu können
- das Problem eigenverantwortlicher Gruppen- und Partnerarbeit

Viele dieser Anfangsschwierigkeiten müssen in langsamen und kleinen Schritten angegangen und gelöst werden.

Wirkliche Problemschüler benötigen sicherlich über lange Zeit hinweg, vielleicht auch immer, viel Unterstützung und Begleitung. Wichtig ist, durch Beobachtung die individuellen Schwierigkeiten genau zu ermitteln und daraus entsprechende Hilfestellungen abzuleiten. Für Schüler, die noch große Schwierigkeiten in der selbständigen Auswahl von Materialien haben, heißt das z.B., ihnen nicht das Gesamtspektrum des Lernangebotes anzubieten, sondern hier die Auswahl zunächst auf zwei oder drei Lernmaterialien zu begrenzen.

Probleme und Störaktionen von einzelnen Schülern sind immer Ausdruck einer Über- oder Unterforderung, in der es vom Lehrer abhängt, wie er diesen begegnet und Hilfestellung leistet. Das passende Lernmaterial ist dabei ein wichtiger Faktor.

Frage 2: Überfordere ich meine Schüler?

Das selbstbestimmte Lernen stellt ein zukunftsorientiertes Ziel dar, auf das die Schüler durch eine langsam zunehmende Freiheit bei der Auswahl der Lernaktivitäten hingeführt werden sollen. Dies entspricht nicht immer den Bedürfnissen der Schüler, die oft den Wunsch nach klarer Strukturierung und genauen Arbeitsanweisungen äußern.

Ebenso kommt es vor, daß der Lehrer einzelne Schüler falsch einschätzt oder sie sich selbst mit der Auswahl von Lernangeboten überfordern. Hier zeigt sich die Schwierigkeit, daß nicht alle Materialien durchgehend die notwendigen unterschiedlichen Niveaustufen so anbieten können, wie es eigentlich für diese Arbeitsform notwendig ist. Das Material sollte jedem Schüler eine für ihn sinnvolle Beschäftigung ermöglichen. Dies zu gewährleisten, ist Aufgabe des Lehrers.

Mit dem Rahmen der WP-arbeit, der eine feste Struktur aufweist, haben die Schüler erfahrungsgemäß nur wenig Schwierigkeiten. Die notwendigen Handlungsschritte bei der Erstellung des Wochenplanes, bei der Beschaffung und beim Umgang mit den Lernmaterialien werden den Schülern nach einer gewissen Eingewöhnungszeit geläufig und bedürfen dann nur noch selten einer starken Lehrerbeteiligung.

Da das Konzept der Freiarbeit viel Freiraum für Differenzierung bietet, kann der Gefahr von Überforderung durch Lernmaterialien begegnet werden, die möglichst genau auf die individuellen Lernvoraussetzungen abgestimmt sind.

Frage 3: Wie verbinde ich Freie Arbeit und Vorhabenunterricht?

Freie Arbeit darf nicht losgelöst vom Vorhabenunterricht stattfinden, sondern beide Arbeitsformen müssen sich gegenseitig ergänzen. Aus Vorhaben können sich Lernmaterialien entwickeln, die dann in der Freien Arbeit zum Einsatz kommen (vgl. Beispiele unten).

Mit Hilfe dieser Materialien sowie der durch das Vorhaben initiierten Übungsformen findet eine vertiefende Auseinandersetzung statt und bereitet im Idealfall eine Übertragung auf andere Bereiche vor. Hier ist Kreativität und Ideenreichtum bei der Entwicklung und Gestaltung von Arbeitsmaterialien gefragt.

Frage 4: Ist Freie Arbeit Stillarbeit?

Hinter der Freien Arbeit steht die Zielsetzung: Anbahnung eines selbstbestimmten Lernens. Wir geben also nicht einfach jedem Schüler ein unterschiedlich gestaltetes Arbeitsblatt in die Hand, sondern lassen ihn Materialien (darunter auch Arbeitsblätter) und Sozialformen möglichst eigenständig auswählen. Bei der dadurch parallel laufenden Einzel-, Partner und Gruppenarbeit spielt sich trotz der unterschiedlichen Aktivitäten langfristig in der Regel auch ein erträglicher Geräuschpegel ein. Über den Zeitraum von einem Jahr ist oft eine deutliche Veränderung in der Eigenaktivität der Schüler zu bemerken. „Ich kann aus dem lernen, was ich mir selbst aussuche“ – das ist eine Erfahrung, die den Schülern durch Freie Arbeit und Wochenplan vermittelt werden kann. Im Mittelpunkt der Arbeit sollte dabei stehen, daß alle Schüler ein Gefühl des Wichtiggenommenwerdens in ihrer Arbeit und in ihren Entscheidungen erleben. Das ist jedoch ein Prozeß, der im einzelnen nur schwer nachzuvollziehen ist. An den immer differenzierteren Vorstellungen der Schüler über ihr Tun (vor allem deutlich in der Reflexion der eigenen Arbeit im Freitagskreis) können wir jedoch erkennen, ob wir auf dem richtigen Wege dorthin sind, auch wenn wir gelegentlich Rückschritte einzelner Schüler erleben müssen.

Frage 5: Was bringt der Reflexionskreis tatsächlich?

Sich für die Arbeit der anderen zu interessieren und ihnen bei der Darstellung ihrer Arbeit aufmerksam zuzuhören – das sind Verhaltenswei-

Beispiele:

Vorhaben	Material	Übungsmöglichkeiten
Klassenraumgestaltung: Wir bauen Sitzbänke für unsere Klasse	Kiste mit Legosteinen, Arbeitspläne Arbeitsblätter	freies Bauen, Bauen nach Plan (Maßstab) Anzahlermittlung, Modellvorstellungen entwickeln
Klassenfahrt: Taschengeld für unsere Klassenfahrt	Kiste mit Verkaufsgegenständen, Verteilungsplan für z.B. 10 Tage, Scheine und Wechselgeld	Rollenspiele, Geld verteilen und einteilen, Geld wechseln. Bennenen der Münzen, Schätzen des Geldwerts

sen, die wir bei geistig Behinderten nur selten beobachten können. Es ist nicht einfach, für diesen so wichtigen Reflexionskreis eine geeignete Form zu finden, die allen Schülern gerecht wird. Erzählungen der Schüler sind häufig stark auf den Lehrer gerichtet, von dem sie eine Bestätigung für ihre Arbeit erwarten. So ist es auch nicht verwunderlich, wenn der Lehrer in diesen Situationen am längsten eine sehr zentrale Rolle einnimmt. Auch hier sind sicherlich nur sehr langfristig Erfolge zu erkennen.

Frage 6: Werden die Möglichkeiten zur Selbstkontrolle auch tatsächlich von den Schülern genutzt?

Erfahrungsgemäß benutzen die Schüler Selbstkontrollen nur selten als Abschreibmöglichkeit. Dies setzt allerdings voraus, daß die Schüler eine entsprechende Arbeitshaltung aufgebaut haben und vor allem von der direkten Rückmeldung des Lehrers unabhängig geworden sind. Die unterschiedlichen Formen der Selbstkontrolle müssen bei der Einführung des Materials genau besprochen und eingeübt werden. Die Schüler haben dabei häufig Spaß daran, selbst festzustellen, ob das Ergebnis richtig oder falsch ist.

Frage 7: Wie gestaltet sich die Zusammenarbeit der Schüler bei der Freien Arbeit?

Die freie Arbeit bietet vielfältige Möglichkeiten des sozialen Lernens, in denen die *Zusammenarbeit* von Schülern mit einem Partner oder in einer Gruppe zunehmend eigenverantwortlich organisiert wird. Dabei finden sich zwar häufig die gleichen Paare oder Gruppen – aber das ist eben auch Selbstbestimmung, in die sich der Lehrer nur bedingt einmischen darf. In den selbstgewählten Arbeitsgruppen kommt es oft zu erfreulich konzentriertem Arbeiten, bei dem sich die Schüler gegenseitig unterstützen und kontrollieren. Viele Schüler können sich in diesem Rahmen weitaus länger konzentrieren als sonst.

Perspektiven

Die WP- arbeit/ Freie Arbeit kann selbstverständlich auch auf andere Lernbereiche ausgedehnt werden. Indem sie den Schülern erlaubt, ihre Interessen und Bedürfnisse einzubringen, stellt sie eine sinnvolle Erweiterung und Alternative zu den gängigsten Arbeitsformen an der Schule für Geistigbehinderte dar.

Ein weiteres Feld für die Freie Arbeit könnte zum Beispiel der *Lernbereich Schrift und Sprache* sein, der ebenfalls gut in Form der WP-arbeit organisiert werden kann. Damit eröffnen sich für die Schüler weitere Freiräume, die jedoch in ebenso kleinen Schritten strukturiert werden müssen. Eine solche Ausweitung bedingt natürlich auch eine *Erweiterung der Stundenanteile,* die langsam bis zu einer WP-stunde – oder mehr – pro Tag führen könnte. Ein schwieriges Problem stellt hier der Einbezug der schwerstbehinderten Schüler dar. Eine optimale Lösung besteht darin, diese Zeit für Einzelförderung und andere Therapiemaßnahmen zu nutzen; dies setzt jedoch eine gute zeitliche Organisation der Schule voraus und eine ebenso gute personelle Besetzung.

Insgesamt kann die Freie Arbeit zwar als ein sehr mühsamer, aber durchaus lohnenswerter möglicher Weg bei geistig Behinderten betrachtet werden. Wichtig ist jedoch bei der Verwirklichung, daß die Schüler von Anfang an einbezogen werden, daß nicht der Lehrer, sondern sie selbst ihre Wochenpläne gestalten. Hilfen sollten nur, wo tatsächlich nötig und vor allem mit Sensibilität und Diskretion gegeben werden. Natürlich werden beständig, wie in jedem anderen Unterricht auch, Probleme auftreten. Der Prozeß des Änderns, Hinterfragens und erneuten Änderns muß jedoch sowieso ein ständiger Begleiter schülerorientierten Unterrichtens sein.

Vorstellung und Herstellungshinweise für mögliche Arbeitsmaterialien

Puzzlekarten

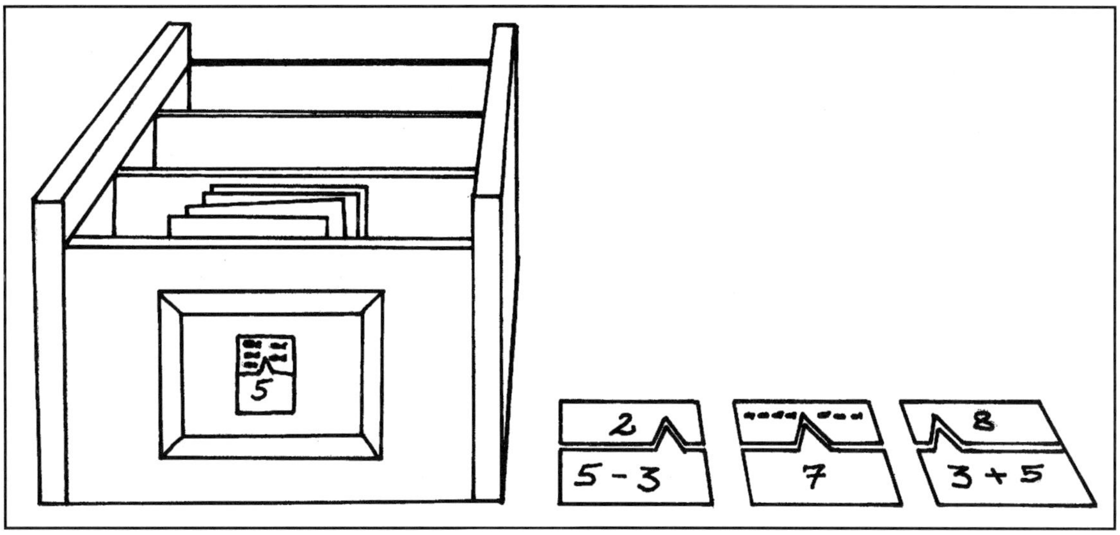

Abb. 18

1. Material

- verschiedene Puzzlekartensätze aus Fotokarton in unterschiedlichen Farben

2. Arbeitsformen und Kontrollmöglichkeit

Der Schüler entscheidet sich für einen Satz Karten aus dem Kasten, sortiert alle Karten mit einer Ecke (oder einem Loch) auf ein Päckchen und verteilt die übrigen auf dem Tisch. Hat er auf einer Karte die Figuren abgezählt bzw. Aufgaben ausgerechnet, sucht er die entsprechende Lösungskarte. Passen die beiden Karten als Puzzlestücke zusammen bzw. deckt sich der schwarze Punkt mit dem Loch, erhält der Schüler die Rückmeldung, ob er richtig gerechnet hat. So entstehen Aufgabenpaarkarten.

3. Übungsaspekte

- Zuordnung Zahl – Menge
- Rechenoperationen in unterschiedlichen Zahlbereichen
- Zuordnung Uhrzeit zu Uhrbildern
- Zuordnung Abbildung von Geldbeträgen zu Preisbildern
- Nachschreiben von Ziffern (wenn die Karten mit Folie überzogen sind)

4. Sonderpädagogische Hinweise

- einfaches, bekanntes Prinzip des Puzzles
- klare Selbstkontrolle
- Niveaustufen können von den Schülern selbst bestimmt werden
- erweiterbares Prinzip für den Bereich Sprache

5. Tips zur Herstellung

Am einfachsten ist die Herstellung, wenn man genormte Blanko Karteikarten in dem Format DIN A 8 bis DIN A 6 benutzt.

Die Selbstkontrolle entsteht durch Zacken, die bei den zusammengehörigen Karte jeweils ineinander passen müssen. Diese etwas mühsame Arbeit kann z.B. durch ein Lochen ersetzt werden. Eine Karte wird am oberen Rand jeweils an unterschiedlichen Stellen gelocht, die andere erhält ca. 3 cm vom unteren Rand entfernt einen Anlegestrich und an der entsprechenden Stelle einen schwarzen Punkt. Die Schüler benötigen hier allerdings ein hohes Maß an feinmotorischem Geschick. Nach Anbringen der Selbstkontrolle können die Karten gestaltet werden. Wichtig ist: Jeder Satz Puzzlekarten sollte eine andere Farbe bekommen.

6. Beispiele

Bei der Gestaltung der Karten sind der Phantasie keine Grenzen gesetzt. Die Arbeit erleichtern können Uhrstempel, Zahlenstempel und Bilderstempel. Wer keine Lust zum Basteln hat, kann auf das ähnliche Prinzip der Lochkarten bzw. Stöpselkarten zurückgreifen.

Typ A

Typ B

Typ C

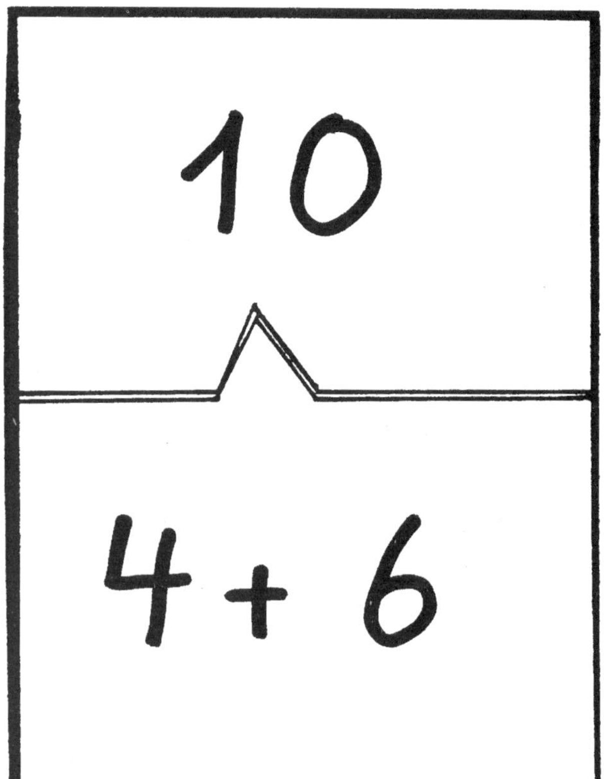

Typ D

Abb. 19: Beispiele für Puzzlekarten

Bierdeckeltrainer

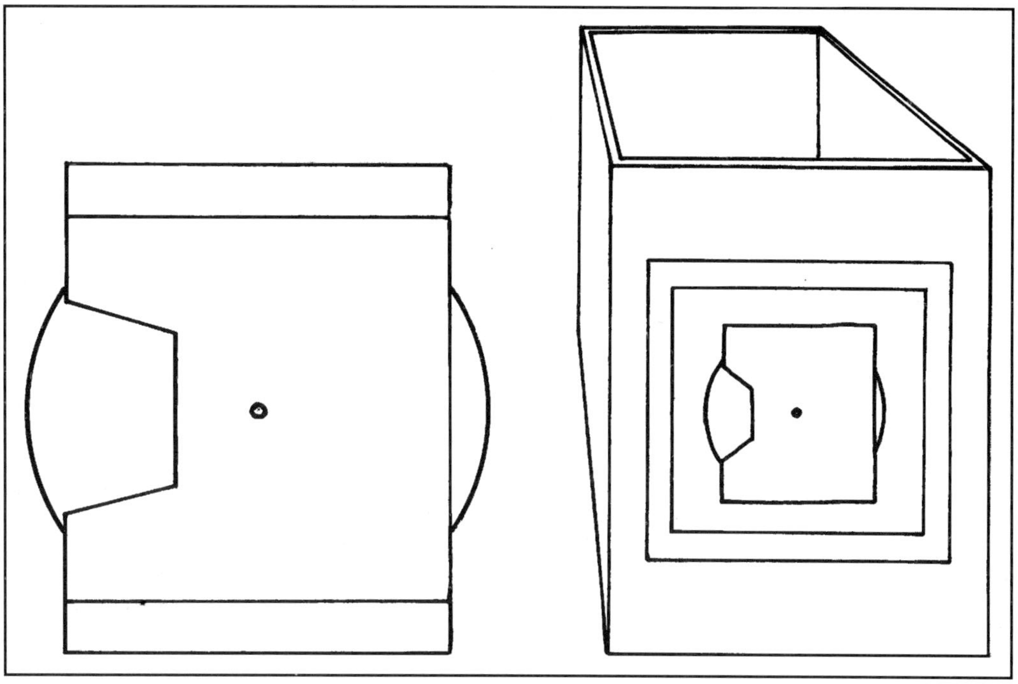

Abb. 20

1. Material

- eine Einschiebetasche
- verschiedene auswechselbare Lernscheiben

2. Arbeitsformen und Kontrollmöglichkeit

Eine ausgewählte Rechenscheibe wird in die Einschiebetasche gesteckt und mit einer Klammer befestigt. In einem Fenster erscheint jeweils eine Aufgabe, die von dem Schüler bearbeitet und durch das Umdrehen des Bierdeckeltrainers im Fenster kontrolliert wird. Bei richtigem Ergebnis wird am rechten Rand weitergedreht, bis eine neue Aufgabe im Fenster erscheint.

3. Übungsaspekte

- Zuordnung Menge – Zahl
- Rechenoperationen in unterschiedlichen Zahlbereichen
- Zuordnung dargestellter Geldbeträge – Preisschilder
- Zuordnung Uhrzeit – Uhrbilder

4. Sonderpädagogische Hinweise

- gut zur Partnerarbeit geeignet
- vielfältige Übungsmöglichkeiten und Niveaustufen
- geeignet auch für schriftliches Rechnen
- motivierendes und gut handhabbares Material
- Aufgaben sind gut zu überschauen und einfach zu kontrollieren
- gut erweiterbar auf den Bereich Sprache

5. Tips zur Herstellung

Will man sich den Aufwand der eigenen Herstellung sparen, gibt es mittlerweile in fast allen Freiarbeitsverlagen ein Material, das mit dem gleichen Prinzip arbeitet. Die Rechenscheibe oder die Rechenuhr ist dabei preiswert, und es gibt sie auch mit Blanko-Scheiben für eigene Übungsaufgaben. Ein großer Nachteil dieser käuflichen Scheiben besteht darin, das sie meist zu viele Aufgaben auf einer Scheibe anbieten und viele Schüler dadurch Orientierungsschwierigkeiten haben. Aus diesem Grund folgt eine Anleitung, wie man diese Scheiben selbst herstellen kann.

Man benötigt:

- 2 feste Kartondeckel (Fotokarton) 9,5 cm x 16 cm
- 2 feste Pappstreifen 9,5 cm x 2,5 cm
- mehrere runde Bierdeckel, die man auf beiden Seiten mit weißem Papier beklebt
- 1 Musterklammer, breites Klebeband und Selbstklebefolie

Herstellung:

Auf den beklebten Bierdeckel wird ein Raster für die Aufgaben gezeichnet, danach können hier verschiedene Aufgaben eingetragen werden. Die Aufgabe steht dabei auf der Vorderseite, auf der Rückseite steht die Lösung. Auf einem der beiden Kartondeckel werden am oberen und unteren Rand die Pappstreifen (Innenseite) aufgeklebt, danach werden beide Deckel mit Selbstklebefolie überzogen (Außenseite). Die beiden Kartondeckel werden mit breitem Klebeband (Gewebeband) oben und unten aneinandergeklebt. Jetzt werden die Löcher in den Bierdeckel und in die Einschiebetasche gestanzt – hier ist Genauigkeit besonders wichtig. Zum Schluß schneidet man mit einem Papiermesser ein Fenster an den rechten Rand der Einschiebetasche, das genau so breit ist wie das Aufgabenraster auf dem Bierdeckel. Mit einer Musterklammer kann man jetzt verschiedene Scheiben in der Tasche befestigen.

Hakenbrett

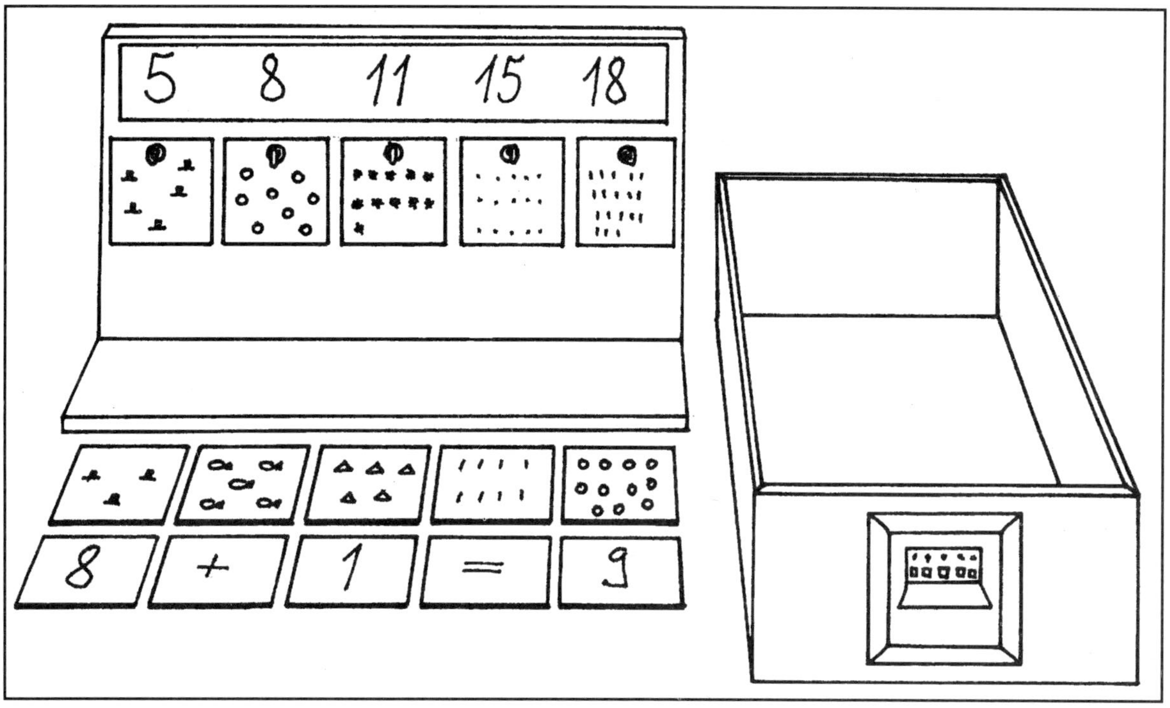

Abb. 21

1. Material

- Holzbrett mit 6 eingeschraubten Haken, Leiste zum Schreiben
- verschiedene, farbige Kartensätze

2. Arbeitsformen

Auf die Leiste werden mit einem Folienstift für die Zuordnungsübungen die Zahlen geschrieben, die zu dem entsprechenden Kartensatz gehören. Der Schüler hängt die einzelnen Karten an den passenden Haken unter die richtige Zahl. Eine andere Möglichkeit ist die Bearbeitung eigener Aufgaben mit dem Ziffernkartensatz. Der Schüler mischt alle Karten, verteilt sie auf 2 Stapel und rechnet jetzt die so entstandenen Zufallsaufgaben. Das Ergebnis wird auf Blanko-Karten mit Folienstift geschrieben und z.B. mit Hilfe eines Taschenrechners kontrolliert.

Hat man ein Tageszeitenquartett (z.B. mit Hilfe der Abbildungen aus Susanne Dank: „Wir lernen die Uhr im Tagesablauf kennen" Übungsreihen Heft A1) hergestellt, kann man dieses ebenfalls für das Hakenbrett gebrauchen. Dabei werden oben auf die Leiste die Tageszeiten geschrieben oder entsprechende Uhrbilder aufgemalt.

3. Übungsaspekte

- Zuordnungsübungen Menge – Zahl
- Erstellen eigener Aufgaben
- Zuordnung Uhrzeit zu Tageszeitenbildern

4. Sonderpädagogische Hinweise

- besonders im pränumerischen Bereich gut einsetzbar
- Förderung der Auge – Hand Koordination
- hohe Motivation, da Material zu einer handelnden Auseinandersetzung anregt
- Material läßt Spielraum für eigene Variationen
- erweiterbar für den Bereich Sprache (Klassifikationsübungen)

5. Tips zur Herstellung

Zwei Bretter der Größe 30x40 und 20x40 werden aneinandergeleimt. Auf das breitere Stück wird oben mit gleicher Seitenlänge und ca. 10 Breite eine Schreibleiste aus weißem Papier aufgeklebt und mit Folie überzogen. Hier werden jetzt die entsprechenden Anweisungen mit einem Folienstift aufgeschrieben. Unter der Schreibleiste werden in gleichmäßigem Abstand 6 Schraubhaken eingeschraubt, auf die man jeweils die Karten hängen kann. Die Kartensätze entstehen aus 6cm x 10cm farbigem Fotokarton, in die an der oberen Seite in die Mitte ein Loch gestanzt wird (evtl. Lochverstärkerringe anbringen).

Domino

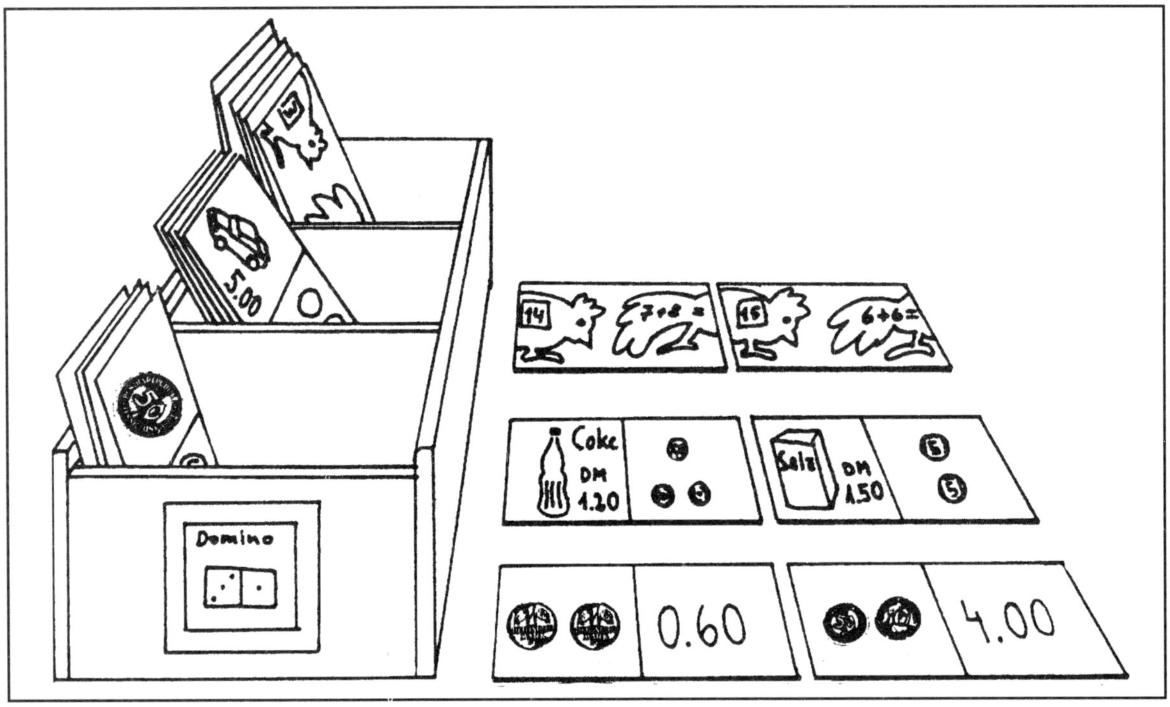

Abb. 22

1. Material

- verschiedene, farbige Dominokartensätze aus Fotokarton oder ein Blanko-Domino-Spiel

2. Arbeitsformen und Kontrollmöglichkeiten

Die einzelnen Karten sind in zwei Hälften geteilt, wobei rechts eine Aufgabe und links ein Ergebnis, das zu einer anderen Aufgabe gehört, steht. Der Schüler bildet durch das Bearbeiten einer Aufgabe und das Suchen der entsprechenden Ergebniskarte eine lange Kette. Das Ergebnis wird entweder sofort oder am Ende durch Umdrehen der einzelnen Karte kontrolliert, indem die farbigen Punkte auf der Rückseite übereinstimmen müssen.

3. Übungsaspekte

- Zuordnung Menge-Zahl und umgekehrt
- Rechenoperationen in unterschiedlichen Zahlbereichen
- Übungen im Bereich Umgang mit Größen (Uhr, Geld, Gewicht..)

4. Sonderpädagogische Hinweise

- bekanntes Prinzip mit einfach einzubauender Selbstkontrolle
- vielseitige Übungsmöglichkeiten
- Möglichkeiten, Niveaustufen selbst zu bestimmen
- in Spielform auch für Partnerarbeit geeignet
- überschaubare Kartensätze erlauben schnelle Erfolgserlebnisse
- erweiterbar für den Bereich Sprache

5. Tips zur Herstellung

Je nach den motorischen und visuellen Fähigkeiten werden als Grundmaterial Blanko-Dominokarten oder selbsthergestellte Karten in größerem Format benötigt. Die Gestaltung erfolgt wie bei den Puzzlekarten mit Hilfe von Stempeln, Rechengeld, kleinkopierten Einkaufsgegenständen usw. Dominos mit Rechenaufgaben in unterschiedlichen Zahlbereichen gibt es auch als Halbfertigprodukte, in denen lediglich die Karten ausgeschnitten und auf festen Karton geklebt werden müssen (z.B. Bergedorfer Kopiervorlagen Verlag S. Persen).

Eine Selbstkontrolle muß jedoch in den meisten Fällen nachträglich durch unterschiedliche Farben oder Formen auf der Rückseite angebracht werden.

Geldkartei

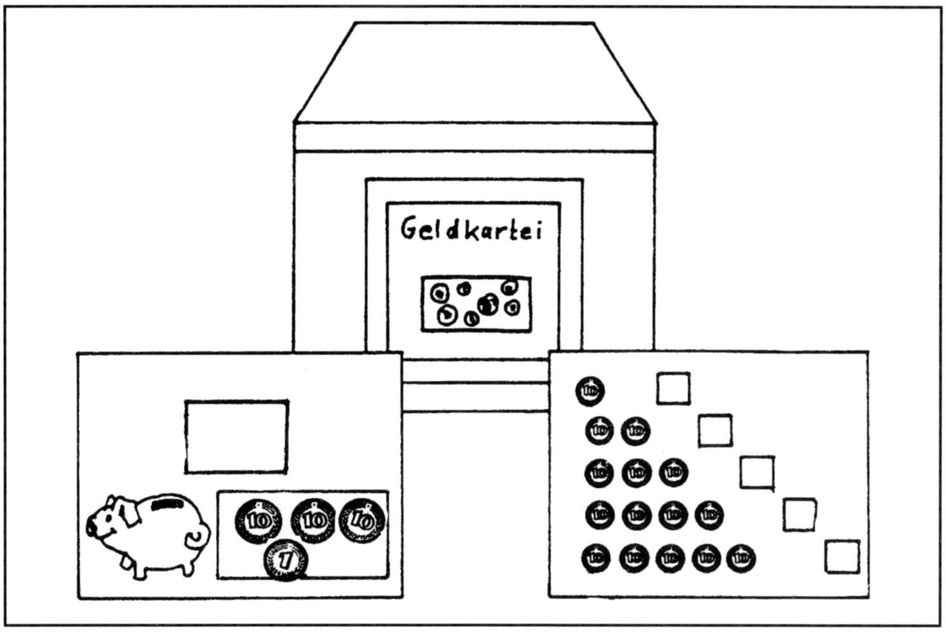

Abb. 23

1. Material

- 1 Karteikasten
- verschiedene, mit Folie überzogene numerierte Karteikarten DIN A 5 oder DIN A 6
- Folienstift, Spielgeld

2. Arbeitsformen und Kontrollmöglichkeit

In dieser Kartei geht es darum, unterschiedliche Aspekte im Umgang mit Geld zu erfahren und zu bearbeiten. Die Karten sind nach zunehmendem Schwierigkeitsgrad geordnet und numeriert. Der Schüler nimmt sich eine Karte von vorn, bearbeitet sie, kontrolliert auf der Rückseite und stellt sie nach hinten. Die Karten können dabei gegebenenfalls für einzelne Schüler reduziert bzw. erweitert werden. Häufig benötigen die Schüler auch den Hinweis, daß sie nur eine bestimmte Anzahl der Karten in der Stunde bearbeiten müssen. Käufliche Holzregister erleichtern dem Schüler den Überblick im Karteikasten.

3. Übungsaspekte

- Kennenlernen verschiedener Münzsorten
- Darstellung von Geldbeträgen und die Übung ihrer Schreibweise
- mit Geld rechnen
- Kriterien von billiger und teurer erfahren

4. Sonderpädagogische Hinweise

- regt zur selbsttätigen Auseinandersetzung an
- Hinführung zu längeren Beschäftigungen über mehrere Tage
- motivierende Auseinandersetzung mit klarer Selbstkontrolle
- selbständige Bestimmung der Aufgabenmenge
- gute Differenzierungsmöglichkeiten

5. Tips zur Herstellung

Für die Gestaltung der Karten eignen sich am besten Blanko-Karteikarten, wobei sich die Größe nach den motorischen Fertigkeiten der Schüler richten sollte. Als Hilfsmittel für eine ansprechende Gestaltung benötigt man alte Schulbücher, aus denen man Abbildungen ausschneiden kann, Werbeprospekte, Geldstempel und Materialien der Sparkassen, wie z.B. das Rechengeld. Die Arbeitskartei sollte nach und nach immer weiter ergänzt werden. Wichtig ist das Überziehen mit Selbstklebefolie.

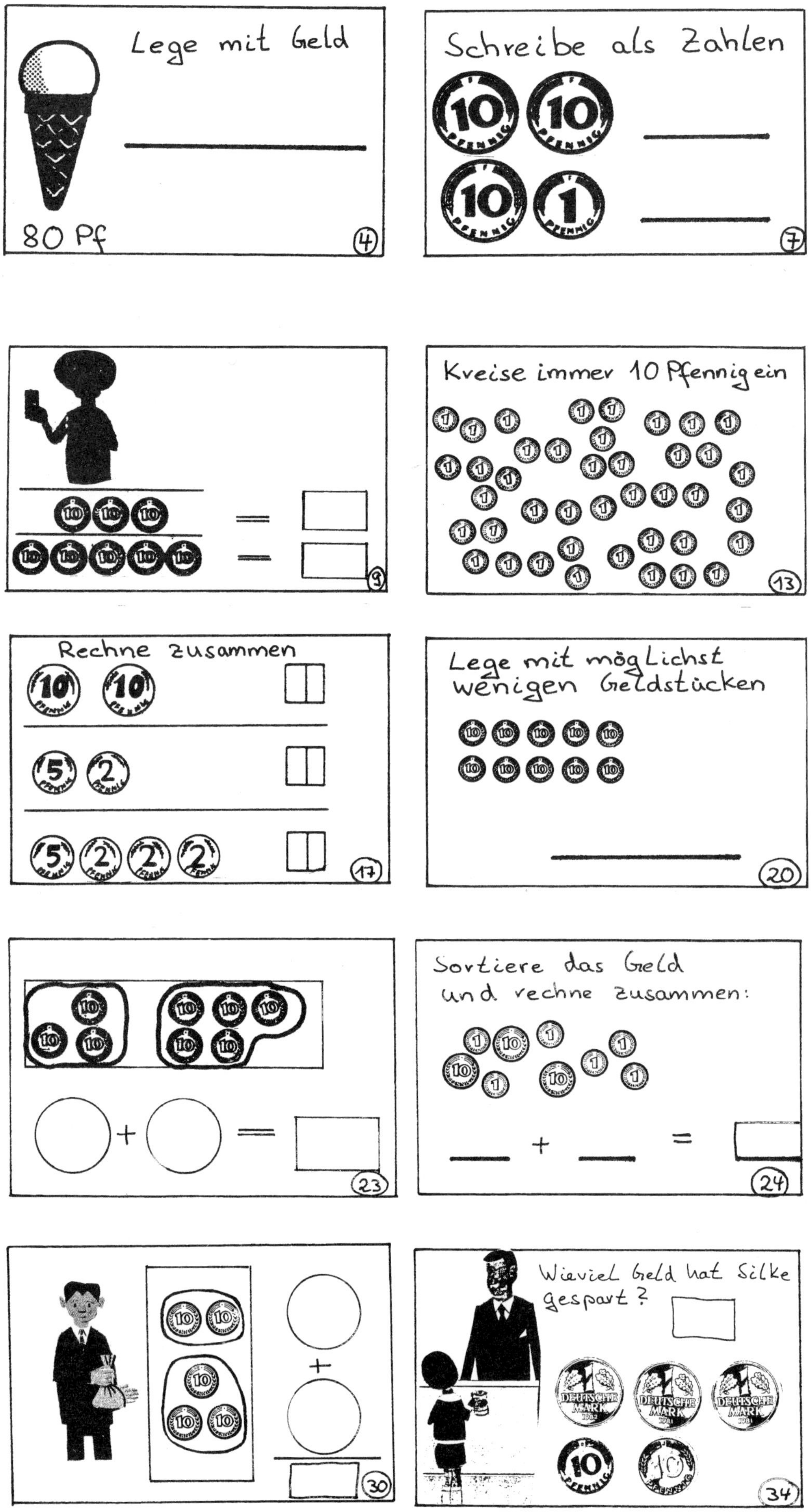

Abb. 24/25: Beispielkarten aus der Geldkartei

(Minus-) Kartei:

Abb. 26

1. Material

- Karteikasten
- verschiedene numerierte Karteikarten, mit Folie überzogen
- Folienstift

2. Arbeitsformen

In dieser Kartei geht es um den Subtraktionsbegriff in verschiedenen Zusammenhängen. Die Karten sind nach zunehmendem Schwierigkeitsgrad geordnet und numeriert. Der Schüler nimmt sich eine Karte von vorn, bearbeitet sie, kontrolliert auf der Rückseite und stellt sie nach hinten.

Die Karten können gegebenenfalls für einzelne Schüler reduziert bzw. erweitert werden.

3. Übungsaspekte

- das „Wegnehmen" in unterschiedlichen Sachbezügen erfahren
- Rechenbilder verbalisieren
- Rechenoperationen auf der bildlichen und symbolischen Ebene durchführen

4. Sonderpädagogische Hinweise

- Anregung zur selbsttätigen Auseinandersetzung
- Hinführung zu längeren Beschäftigungen über mehrere Tage
- bildhafte Darstellungen aus der Erfahrungswelt der Schüler
- klare Selbstkontrolle
- offene Problemstellungen auf der bildlichen Ebene
- selbständige Bestimmung der Aufgabenmenge
- gute Differenzierungsmöglichkeiten

5. Tips zur Herstellung

vgl. Geldkartei

Beispiele für die Gestaltung:

Weitere Karteien mit einem ähnlichen Prinzip lassen sich gut zum Thema Uhr (vgl. Beispielkarten) und zum Thema Messen und Wiegen herstellen.

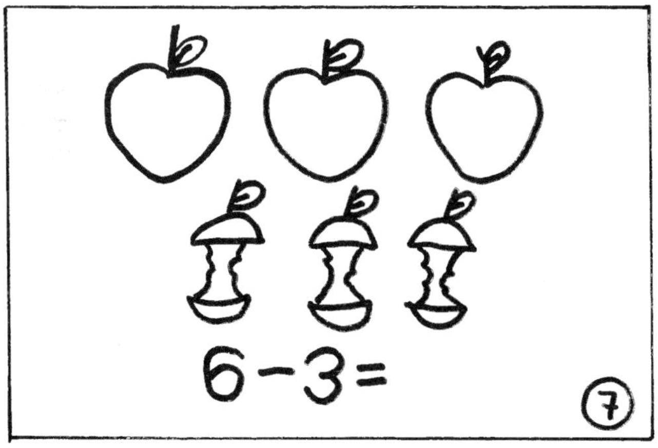

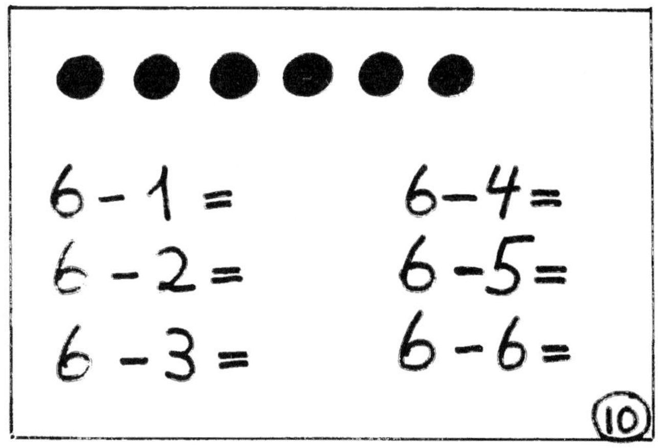

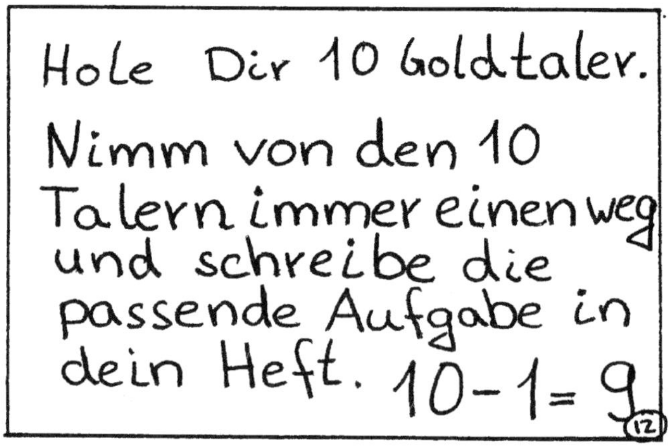

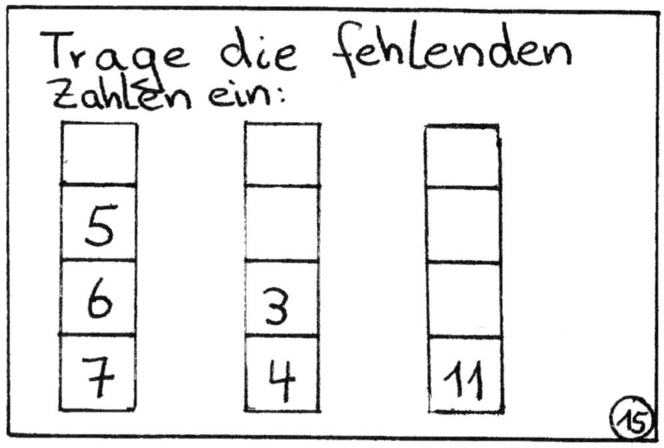

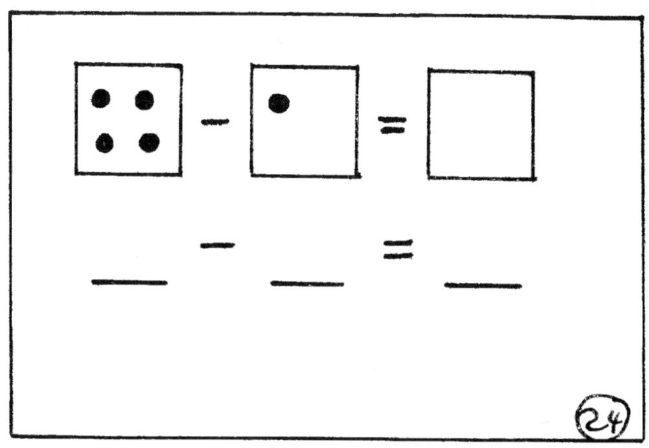

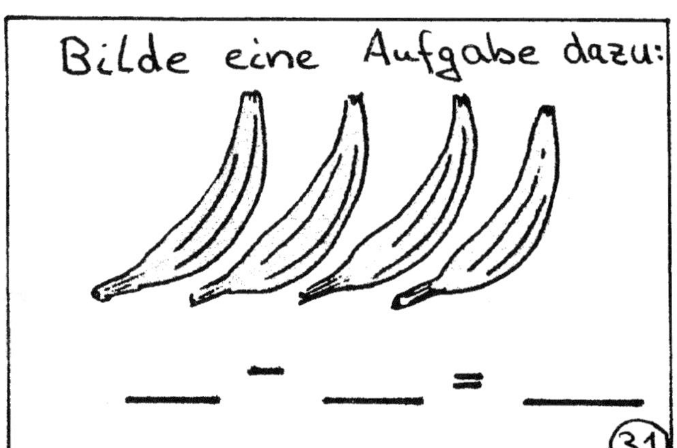

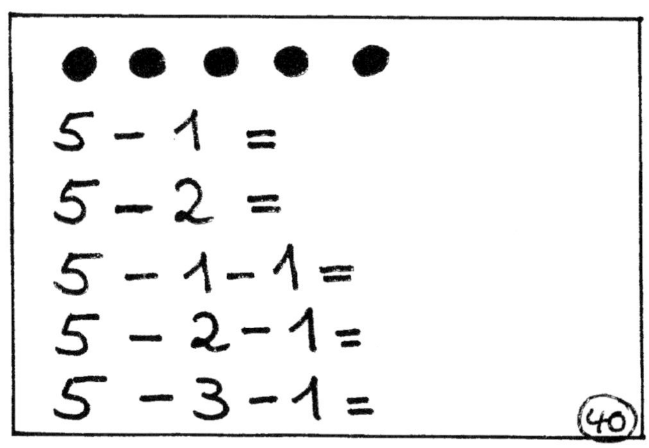

Abb. 27/28: Beispielkarten aus der (Minus-) Kartei

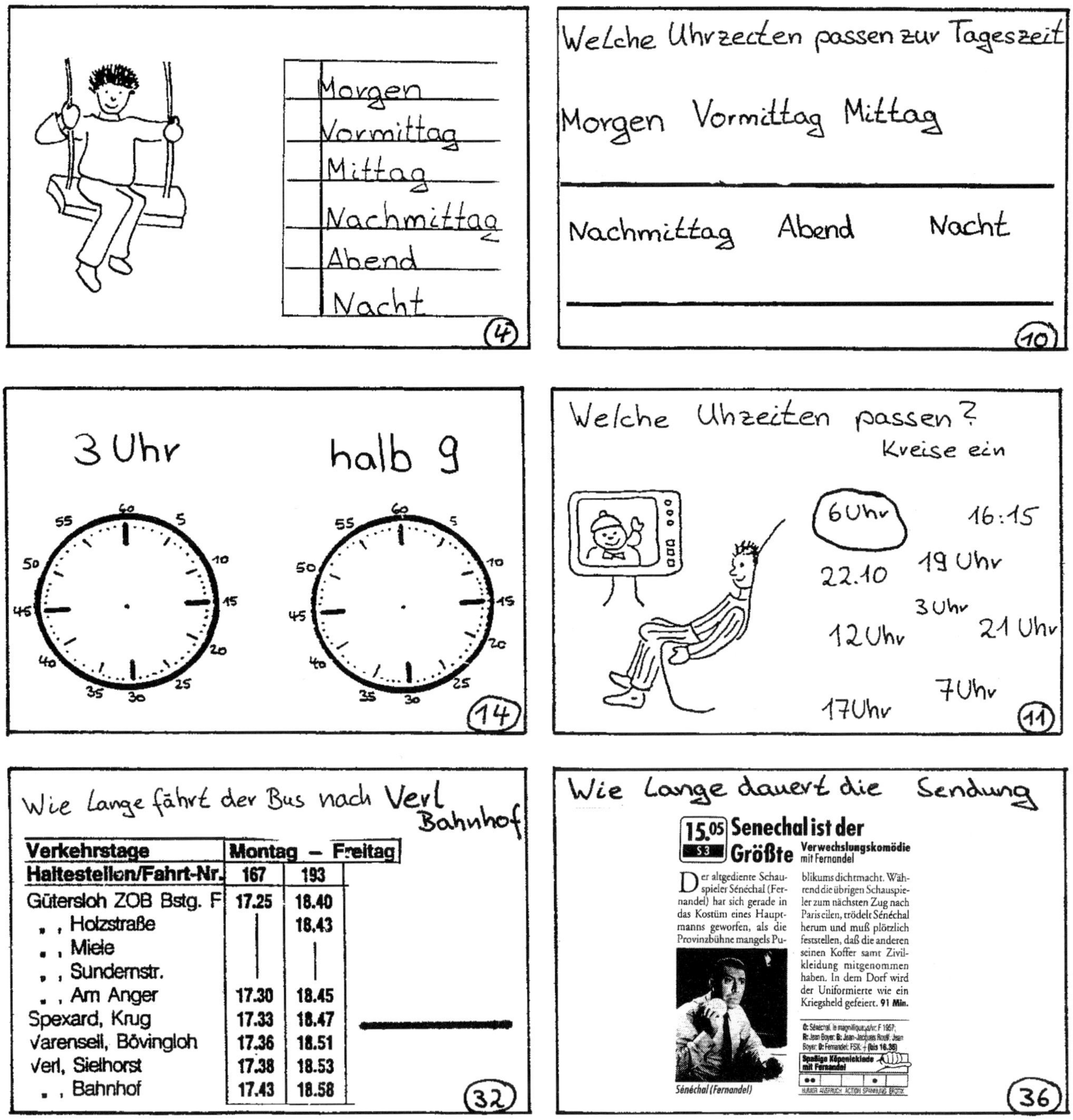

Abb. 29: Beispielkarten aus der Uhrkartei

Geldstreifen:

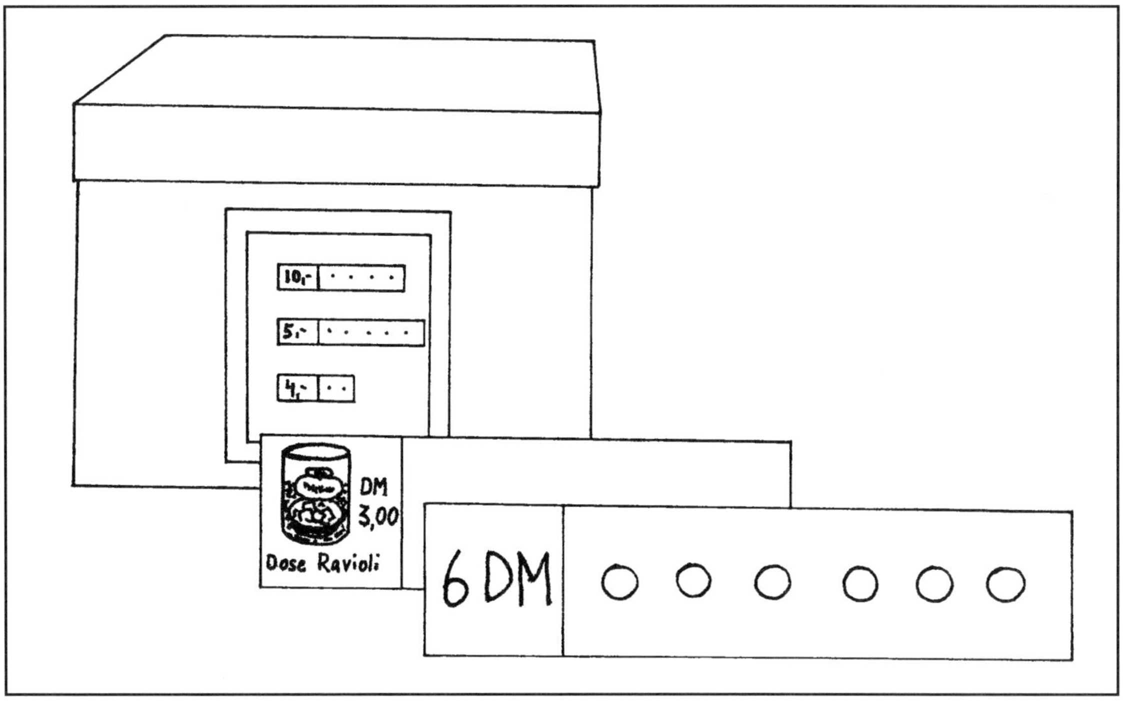

Abb. 30

1. Material

- verschiedene Kartenstreifen aus festem Karton
- Rechengeld

2. Arbeitsformen und Kontrollmöglichkeiten

Der Schüler wählt einen Kartensatz aus.

Variation 1: Von dem ausgesuchten Streifenpaket legt der Schüler die erste Karte vor sich auf den Tisch und versucht, der bildlich dargestellten Ware und dem entsprechenden Preis die richtige Münzdarstellung zuzuordnen, indem er die entsprechende Summe vor sich auf den Tisch legt. Eine Kontrolle erhält der Schüler durch Umdrehen des Geldstreifens (Problem: Nicht alle Möglichkeiten können hier dargestellt werden).

Variation 2: Auf den Streifen sind Punkte für jedes Feld eingezeichnet, das mit einer Münze belegt werden soll. Der Schüler versucht, den angegebenen Betrag mit genau so vielen Münzen darzustellen, wie Felder vorhanden sind.

3. Übungsaspekte

- Zuordnung Preis – Münzdarstellung
- Kenntnisse der Wertigkeit verschiedener Münzen
- Wechseln von Münzen

4. Sonderpädagogische Hinweise

- Möglichkeit, Vorhabeninhalte einzubeziehen, z.B. durch bildhafte Darstellungen der Gegenstände, die die Schüler einkaufen oder verkaufen
- Möglichkeit, Niveaustufen selbst zu bestimmen

5. Tips zur Herstellung

Mit einer Schneidemaschine schneidet man sich Streifen mit der Breite von 6 cm und der Länge von 40 cm. Für die Variation 1 wird auf die linke Seite eine kleinkopierte Abbildung eines Einkaufsgegenstandes geklebt und der entsprechende Preis daruntergeschrieben. Der Rest des Streifens bleibt frei. Auf der Rückseite wird die Lösung angegeben.

Für die Variation 2 wird auf die linke Seite ein Preis geschrieben, auf die rechte Seite werden soviel Kreise gezeichnet, wie Münzen benutzt werden sollen. Also für 5 DM z.B. ein Streifen mit 5 Kreisen (der Schüler soll 1 DM benutzen), oder ein Streifen mit nur einem Kreis für die Benutzung eines 5 DM Stückes. Je nachdem wieviele Münzen benutzt werden sollen, ist der Streifen unterschiedlich lang. (Siehe Abb. 31)

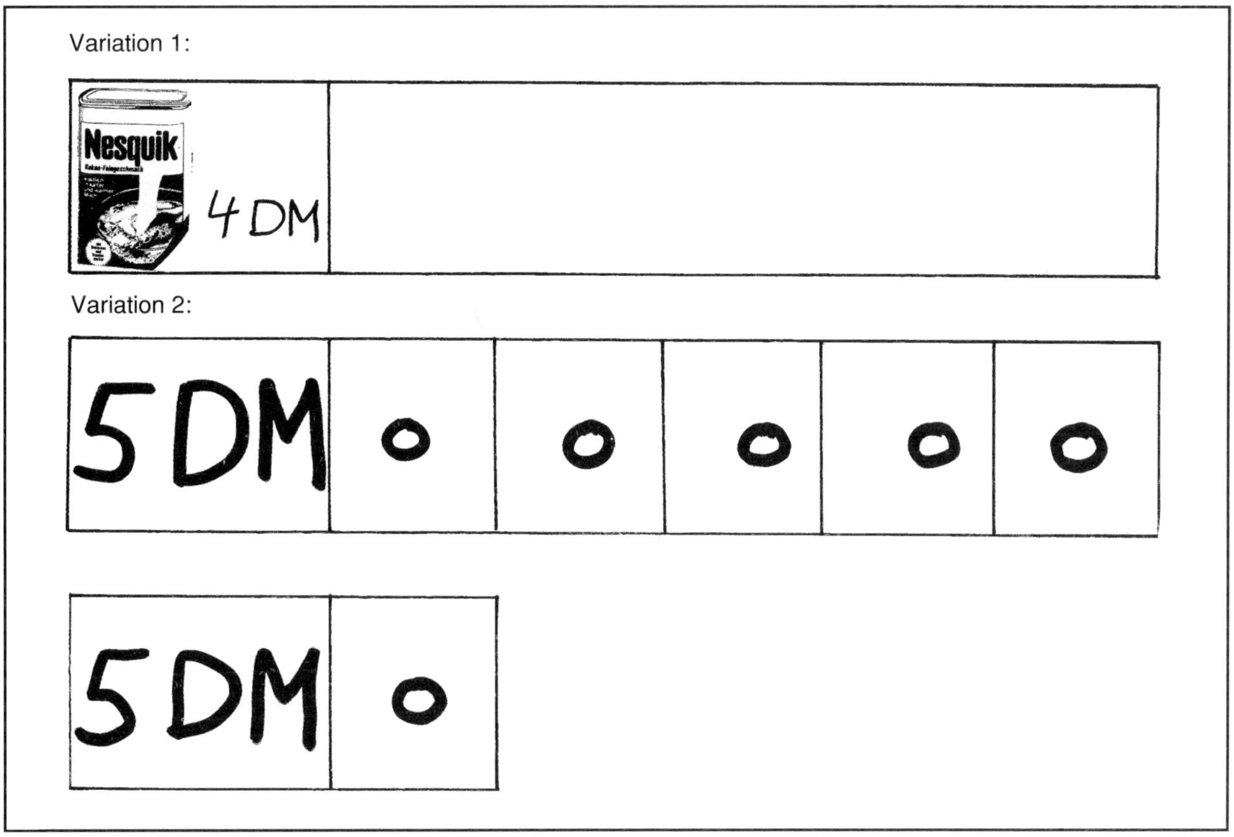

Abb. 31: Beispiele für die Gestaltung von Geldstreifen

Rechenpuzzle

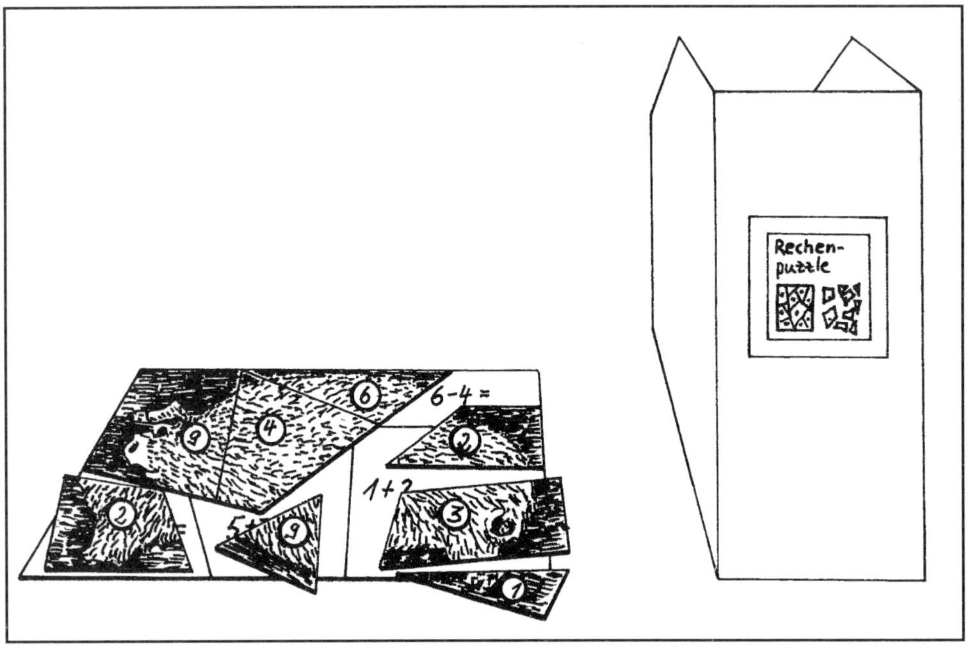

Abb. 32

1. Material

- verschiedene Puzzles mit jeweils einer Vorlage und entsprechenden Puzzleteilen aus festem Fotokarton

2. Arbeitsformen und Kontrollmöglichkeiten

Auf der Vorlage befinden sich Aufgaben, auf der Rückseite der Puzzleteile sind Ergebnisse vermerkt. Auf der Vorlage sucht sich der Schüler eine Aufgabe heraus, bearbeitet sie, sucht das Ergebnis mit der entsprechenden Zahl und legt dieses Teil auf die eingezeichnete Stelle auf der Vorlage. Bei richtiger Lösung aller Aufgaben entsteht ein vollständiges Bild.

3. Übungsaspekte

- Zuordnung Zahl – Menge
- Rechenoperationen in unterschiedlichen Zahlbereichen
- Zuordnung von Gelddarstellungen und Preisen
- Zuordnung von Uhrzeiten zu Uhrbildern

4. Sonderpädagogische Hinweise

- Material erlaubt vielfältige Übungsmöglichkeiten
- das Prinzip ist den Schülern einfach zu vermitteln
- Rechenpuzzle können mit Schülern zusammen hergestellt werden
- Material erlaubt schnell Erfolgserlebnisse und eine klare, einfache Selbstkontrolle
- Niveaustufen können von den Schülern selbst festgelegt werden
- auch im Bereich Sprache einsetzbar

5. Tips zur Herstellung

Als Bildmaterial eignen sich gut Kalenderblätter, große Postkarten oder andere Bilder, die mit Hilfe von Fotokarton verstärkt werden. Man benötigt außerdem eine feste Pappe im gleichen Format wie das ausgesuchte Bild als Puzzlevorlage. Je nachdem wieviele Teile das Puzzle bekommen soll, zeichnet man zuerst auf der Rückseite des Bildes ein entsprechendes Raster (entweder gleich große Teile oder Teile unterschiedlicher Größe) ein und zerschneidet das Bild entlang der Linien. Die so entstandenen Segmente werden auf die Vorlage übertragen und mit Aufgabenstellungen ausgefüllt. Die Ergebnisse der einzelnen Aufgaben schreibt man am besten auf die Rückseite der einzelnen Puzzleteile. Etwas mühsam aber sehr lohnenswert ist das Überziehen mit einer Selbstklebefolie.

Das Aufbewahren erfolgt am besten in großen DIN A 4 oder DIN A 3 Briefumschlägen, wobei jeweils die Anzahl der Teile, der Übungsaspekt und zum Wiedererkennen ein kleines Bild des Puzzles auf dem Briefumschlag stehen sollten.

Beispiel für ein Uhrzeitenpuzzle:

20 Teile, volle Stunden tagsüber und nachts, die entsprechenden Tageszeiten zugeordnet sind.

Arbeitsschritte:

1. Bild und Vorlage in gewünschter Größe kopieren und beides auf Fotokarton kleben
2. Bild farblich gestalten
3. Bild an den Linien zerschneiden
4. Rückseiten der Puzzleteile mit digitaler oder analoger Schreibweise der entsprechenden Uhrzeit beschriften
5. Bildvorlage und Puzzleteile mit Folie überziehen

(Siehe Abb. 33/34)

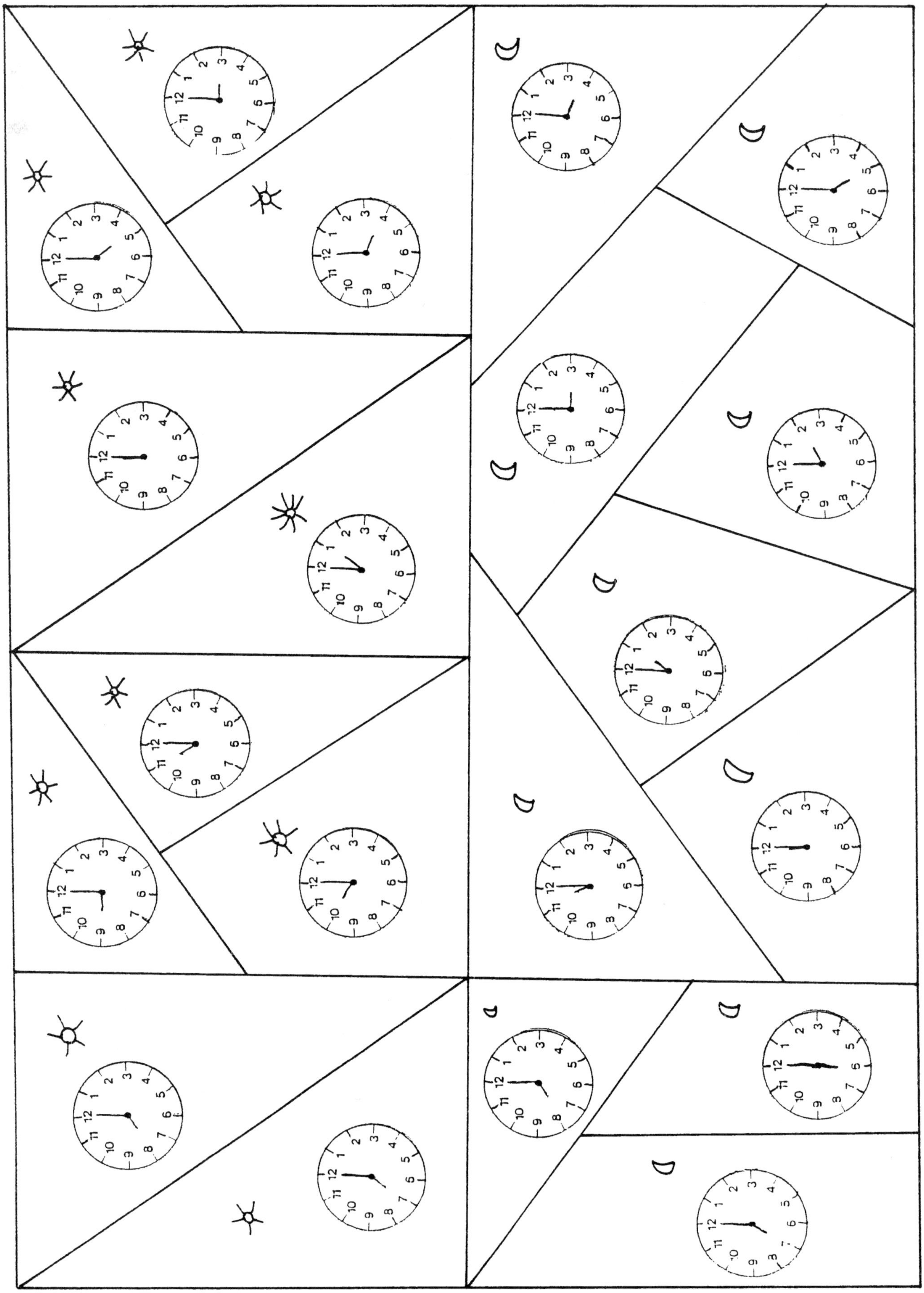

Abb. 33/34: Tageszeitenpuzzle

Bilder auf S. 49 aus: Dank, S.: Geistigbehinderte lernen die Uhr im Tagesablauf kennen. Übungsreihen für Geistigbehinderte A1, Dortmund 1989.

Klappordner

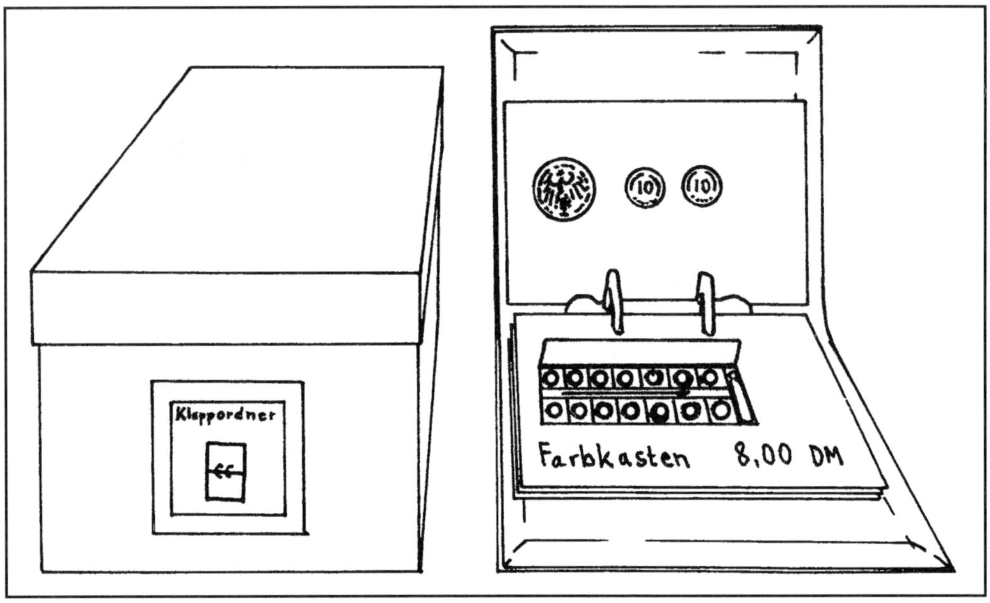

Abb. 35

1. Material

- Ringbuch DIN A 5
- verschiedene Sätze von Karteikarten
- verschiedene Hilfsmittel (Uhr, Rechengeld...)

2. Arbeitsformen und Kontrollmöglichkeit

Der Schüler legt einen Kartensatz in das Ringbuch hinter das Start-Bild, bearbeitet die Aufgabe unter Zuhilfenahme des entsprechenden Materials und schreibt evtl. das Ergebnis auf. Durch Umschlagen der Karte erscheint jetzt oben die Lösung, unten steht bereits die neue Aufgabe.

3. Übungsaspekte

- Zuordnung Menge – Zahl
- Rechenoperationen in verschiedenen Zahlbereichen
- Übungen im Bereich Umgang mit Größen (Uhr, Geld, Gewicht)

4. Sonderpädagogische Hinweise

- übersichtliche Aufgabenformen
- Möglichkeiten, Niveaustufen selbst zu bestimmen
- einfache Selbstkontrolle
- gute Differenzierungsmöglichkeiten
- auch zur Partnerarbeit geeignet
- gut erweiterbar auch auf den Bereich Sprache

5. Tips zur Herstellung

Dieses Material ist unter verschiedenen Bezeichnungen (z.B. Lernkarussell) in mehreren Freiarbeitsverlagen zu einem angemessenen Preis und mit fertigen Karten und Blanko-Karten erhältlich. Es ist jedoch ebenfalls sehr einfach herzustellen, mit dem Vorteil, daß man die Größe der Karten und des Ordners selbst bestimmen kann. Man benötigt ein Ringbuch (DIN A 5 oder DIN A 4) und in der entsprechenden Größe Blanko-Karteikarten. Die Karten werden mit Hilfe von Stempelbildern, Spielgeld, Schulbuchabbildungen und anderen Hilfsmittel je nach Bedarf gestaltet. Ein Satz Karten kann auch gut als Fühlbuch mit Hilfe von Zahlen aus Schmirgelpapier gestaltet werden.

Waage:

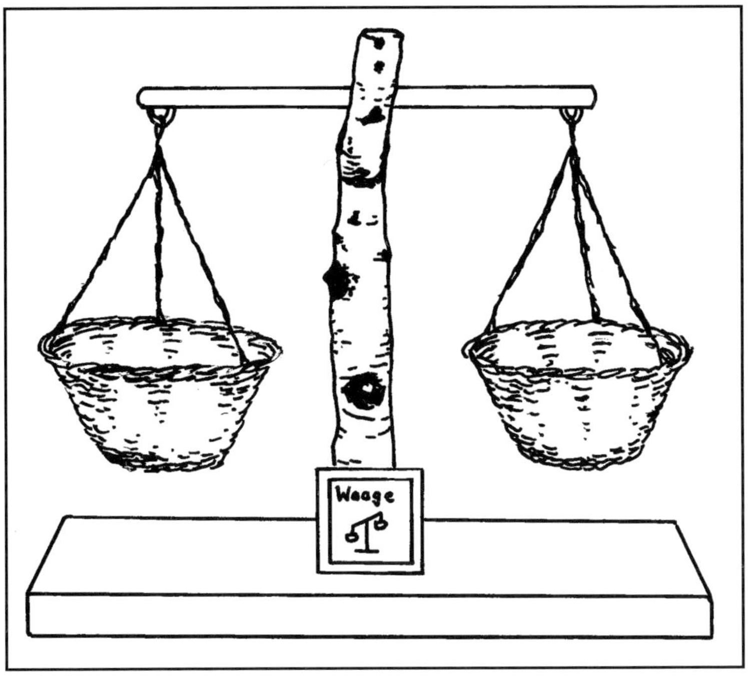

Abb. 36

1. Material

- Balkenwaage
- verschiedenes homogenes Material (Lego; Goldtaler)
- Materialien zum Auswiegen

2. Arbeitsformen

Die Balkenwaage gibt keine genauen Arbeitsanweisungen vor. Sie fordert aber zu verschiedenen Übungsmöglichkeiten heraus. Man kann Spiele und Experimente mit der Waage durchführen oder sie als Anschauungsmöglichkeit bei Rechenoperationen nutzen.

- Würfelspiele: wie z.B. das „Mannschaftswettrennen". Es geht darum, eine Augenzahl zu würfeln, diese Anzahl als Gewichtstücke auf die eigene Waagschale zu legen und möglichst so viel Gewicht (eine so große Anzahl) zu erzielen, daß die Schale des Gegners nach oben wandert.
- Wiegespiele: z.B.

Vergleich des Gewichts unterschiedlicher Materialien; oder:

Auswiegen von Materialien mit einer homogenen Einheit (Gewicht): Waage als Anschauungsmaterial für Rechenoperationen (Selbstkontrolle durch den geraden Balken)

3. Übungsmöglichkeiten

- Vergleich des Gewichts von 2 Mengen oder Gegenständen
- Erarbeitung der Begriffe „gleich", „mehr", „weniger" oder auch „leichter-schwerer-gleichschwer"
- Hilfsmittel zur Veranschaulichung von Ergänzungsaufgaben
- Würfel- und andere Rechenspiele

4. Sonderpädagogische Hinweise

- vielseitig einsetzbar
- ermöglicht handelnde und spielerische Auseinandersetzung und freie Erprobungsmöglichkeiten
- in allen Sozialformen einsetzbar
- gut motivierendes Material für alle Schüler

5. Tips zur Herstellung

Mit etwas Geschick läßt sich diese Waage aus einer Astgabel, einem Rundholz und einer Grundplatte bauen. Es eignen sich jedoch auch andere, in Schulen meist vorhandene Balkenwaagen.

Spatelspiel

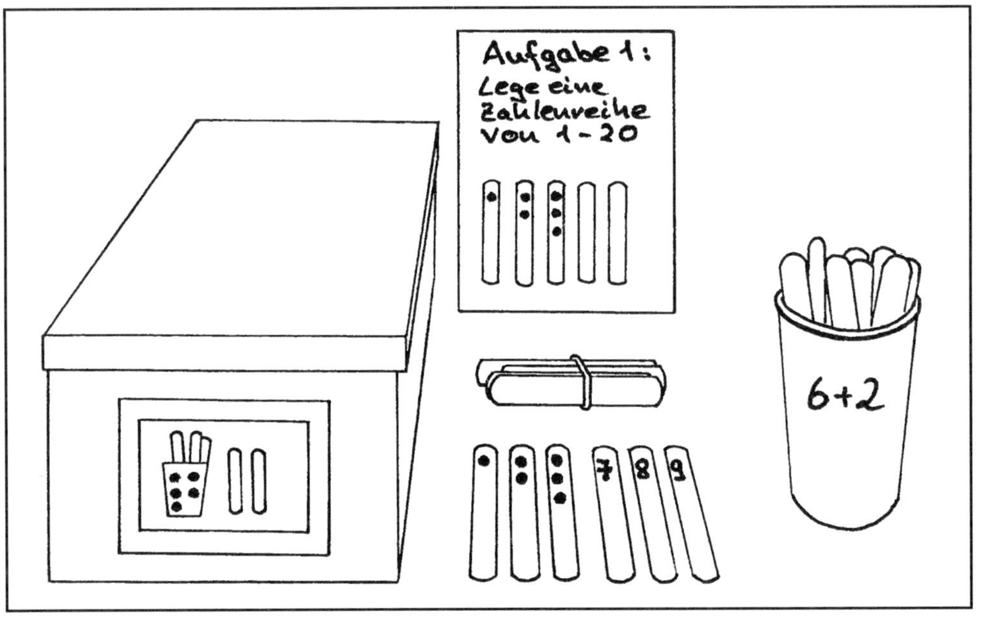

Abb. 37

1. Material

- Holzspatel
- Becher mit Aufgabenbeschriftung
- Kästchen mit verschiedenen Aufgabenanregungen

2. Arbeitsregeln und Kontrollmöglichkeiten

Variation 1: Auf den Holzspateln stehen auf einer Seite Zahlen, auf der Rückseite Punktbilder. Der Schüler legt die Spatel in die richtige Reihenfolge und kontrolliert anhand der Punktbilder.

Variation 2: Der Schüler nimmt sich einen Satz Becher (verschiedene Farben geben unterschiedliche Aufgabentypen an), sortiert die entsprechende Anzahl der Spatel in die Becher ein, schreibt die Aufgabe mit dem Ergebnis auf und kontrolliert durch Nachsehen unter dem Becherboden.

Variation 3: Nach dem Dominoprinzip wird eine Aufgabe gerechnet und der entsprechende Spatel angelegt. Die Kontrolle findet der Schüler durch aneinanderpassende Symbole auf der Rückseite.

Variation 4: Die Spatel werden als Hilfsmittel für die Darstellung großer Zahlen benutzt. Nach einer Aufgabenkarte legt der Schüler die Spatel(Zehner gebündelt, Einer einzeln) auf eine Stellenwerttafel.

3. Übungsmöglichkeiten

- Reihenfolge der Zahlen
- Rechenoperationen in unterschiedlichen Zahlbereichen
- Darstellung großer Zahlen (Bündeln/ Entbündeln)

4. Sonderpädagogische Hinweise

- bietet Variationen und verschiedene Lernstufen
- einfache Selbstkontrollen
- gut handhabbares Material
- Möglichkeiten, Form und Niveaustufen selbst zu bestimmen
- auch zur Partnerarbeit geeignet

5. Tips zur Herstellung

Spatel sind in der Apotheke zu einem sehr günstigen Preis erhältlich.

Einen Satz Spatel (20 Stück) beschriftet man mit Filzstift mit den Punktbildern von 1 bis 20 (Anordnung: einzeln untereinander). Die Rückseite der Spatel erhält das der Punktmenge entsprechende Zahlzeichen.

Ein zweiter Satz Spatel (ca.20 Stück) kann als Domino gestaltet werden. Dazu schreibt man an das rechte Ende der Spatel jeweils einzelne Aufgaben (unterschiedliche Farben geben den Zahlraum an), das linke Ende erhält das Ergebnis. Die Selbstkontrolle wird auf der Rückseite durch farbige, einfache Symbole ergänzt.

Weitere Blanko-Spatel werden für die Variation 2 mit den Bechern, die mit unterschiedlichen Aufgaben beschriftet werden, benötigt.

Für die Darstellung großer Zahlen benötigt man viele Blanko-Spatel, wobei jeweils 10 Stück mit einem Gummiband zu einem Zehnerpäckchen gebündelt werden.

Spieleordner

Abb. 38

1. Material

- Ordner mit verschiedenen Spielplänen
- verschiedene Spielwürfel
- Spielfiguren

2. Übungsformen

In dem Spieleordner befinden sich verschiedene Spielformen, die alleine, zu zweit oder in Kleingruppen gespielt werden können.

Dabei handelt es sich um *Wegespiele,* in denen der Schüler durch Würfeln und Setzen der entsprechenden Anzahl von einem Anfangspunkt zu einem Ziel gelangen muß. In weiteren Spielen geht es um verschiedene Aspekte im *Umgang mit Geld.* Einfache Würfelspiele wie *„Tischfußball"* und Mengenspiele, bei denen eine Figur erwürfelt werden muß, ergänzen das Angebot.

Das Angebot wird ständig erweitert, bzw. oft gespielte Spiele werden nach einer gewissen Zeit wieder aussortiert.

Die Kontrolle erfolgt in diesen Spielen in sehr unterschiedlicher Form, meist aber durch Spielpartner.

3. Übungsaspekte

- verschiedene Zahl- und Größenaspekte
- Aufbau des Zahlensystems

4. Sonderpädagogische Hinweise

- ermöglicht viele Sozialformen
- motivierende Auseinandersetzung mit verschiedenen Zahlaspekten
- Förderung der Spielfähigkeit und Konzentrationsfähigkeit
- ermöglicht Spielvariationen und eigene Regelgestaltung
- gute Differenzierungsmöglichkeiten
- sind auch im Bereich Sprache einsetzbar

5. Tips zur Herstellung

Als Spielmaterial eignen sich zum einen bekannte Gesellschaftsspiele wie „Mensch ärgere dich nicht", „Pferderennen" oder selbst hergestellte Spiele aus Kopiervorlagen, die man häufig in Zeitschriften wie „Praxis Grundschule" findet. Kleine Abänderungen im Regelwerk oder eine eigene evtl. klarere Gestaltung des Spieles führen schnell zu eigenen Spielen. Besonders gern werden diejenigen Spiele gespielt, bei denen einzelne Schüler an der Spielentwicklung und Spielgestaltung beteiligt waren.

Spielmöglichkeiten für Freiarbeitsstundenbeginne

(Siehe Abb. 39/40)

Eine geheime Botschaft

Setzt Euch in einen Kreis. Einer überlegt sich eine Zahl, die er seinem Nebenmann mit dem Finger auf den Rücken drückt. Der letzte im Kreis darf die Botschaft verraten. Stimmt das Ergebnis?

Weltmeister im Würfeln

Setzt Euch in einen Kreis. Jeder von Euch schreibt die Zahlen von 2 bis 12 auf ein Stück Papier so wie Ihr es auf dem Bild seht. Gewürfelt wird mit 2 Würfeln der Reihe nach. Ihr dürft immer die gewürfelte Zahlen wegstreichen. Wer hat zuerst alle Zahlen weggestrichen?

(*Variation:* Schneller geht's mit einer Zahlenreihe pro Mannschaft)

Zu groß oder zu klein?

Bildet 2 Mannschaften. Ein Schüler überlegt sich eine Zahl, die er auf einen Zettel schreibt und in die Hosentasche steckt. Die Mannschaften versuchen jetzt nacheinander die richtige Zahl zu erraten. Der Schüler zeigt nur mit den Händen, ob die Zahl zu groß oder zu klein ist. Welche Mannschaft hat den 1. Volltreffer?

Gesichter würfeln

Bildet 2 Mannschaften. Der Lehrer gibt eine Zahl zwischen 7 und 10 vor (z.B. 7). Zwei Schüler aus einer Mannschaft würfeln mit je einem Würfel. Wenn die Augenzahl zusammen 7 ergibt erhält Euer Mannschaftsgesicht zuerst Augen, dann Nase, Mund und Ohren. Jetzt ist die andere Mannschaft dran. Welches Gesicht ist zuerst fertig?

Rechnen mit Tönen

Setzt Euch in einen Kreis. Einer von Euch hat eine kleine Trommel oder ein anderes Musikinstrument. Er darf sich eine Aufgabe überlegen, die er mit seinem Instrument spielt (z.B. 2 + 3 =). Alle anderen hören genau zu, zählen leise für sich mit. Einer darf das Ergebnis sagen. Gebt das Instrument im Kreis weiter.

Wie heißt mein Nachbar?

Jeder bekommt eine Karte mit einer Zahl. Einer von Euch fängt an und sagt: „Ich bin die 5 und suche meine Nachbarn“ Die Schüler mit der 4 und der 6 gehen zu der 5 und stellen sich richtig dazu und sagen, wer sie sind. Alle anderen Schüler schauen, ob die drei richtig stehen.

Erbsen raten

Ein Schüler hat 10 Erbsen vor sich liegen. Er verteilt diese in beide Hände und geht jetzt zu jedem Schüler und sagt: „In meiner rechten Hand habe ich 4 Erbsen, wieviele sind in meiner linken Hand?“ Die rechte Hand hält er dabei geöffnet, die linke geschlossen. Wer lüftet das Geheimnis der linken Hand?

Rechnen mit Tönen

Setzt Euch in einen Kreis. Einer von Euch hat eine kleine Trommel oder ein anderes Musikinstrument. Er darf sich eine Aufgae überlegen, die er mit seinem Instrument spielt (z.B, 2 +3=). Alle anderen hören genau zu, zählen leise für sich mit. Einer darf das Ergebnis sagen. Gebt das Instrument im Kreis weiter

Gesichter würfeln

Bildet 2 Mannschaften. Der Lehrer gibt eine Zahl zwischen 7 und 10 vor (z.B. 7.) Zwei Schüler aus einer Mannschaft würfeln mit je einem Würfel. Wenn die Augenzahl zusammen 7 ergibt erhält Euer Mannschftsgesicht zuerst Augen, dann Nase, Mund und Ohren. Jetzt ist die andere Mannschaft dran. Welches Gesicht ist zuerst fertig?

Wie heißt mein Nachbar?

Jeder bekommt eine Karte mit einer Zahl. Einer von Euch fängt an und sagt: „Ich bin die 5 und suche meine Nachbarn“ Die Schüler mit der 4 und der 6 gehen zu der 5 und stellen sich richtig dazu und sagen, wer sie sind. Alle anderen Schüler schauen, ob die drei richtig stehen.

Erbsen raten

Ein Schüler hat 10 Erbsen von sich liegen. Er verteilt diese in beide Hände und geht jetzt zu jedem Schüler und sagt: „In meiner rechten Hand habe ich 4 Erbsen, wieviele sind in meiner linken Hand?“ Die rechte Hand hält er dabei geöffnet, die linke geschlossen . Wer lüftet das Geheimnis der linken Hand?

Abb. 39

Eine geheime Botschaft

Setzt Euch in einen Kreis. Einer überlegt sich eine Zahl, die er seinem Nebenmann mit dem Finger auf den Rükken drückt. Der letzte im Kreis darf die Botschaft verraten. Stimmt das Ergebnis?

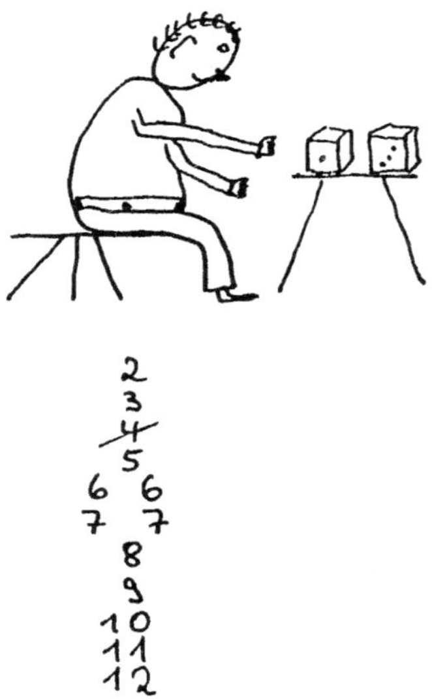

Weltmeister im Würfeln

Setzt Euch in einen Kreis. Jeder von Euch schreibt die Zahlen von 2 bis 12 auf ein Stück Papier so wie Ihr es auf dem Bild seht. Gewürfelt wird mit 2 Würfeln der Reihe nach. Ihr dürft immer die gewürfelte Zahlen wegstreichen. Wer hat zuerst alle Zahlen weggestrichen?

(Variation: schneller geht´s mit einer Zahlenreihe pro Mannschaft)

Zu groß oder zu klein?

Bildet 2 Mannschaften. Ein Schüler überlegt sich eine Zahl, die er auf einen Zettel schreibt und in die Hosentasche steckt. Die Mannschaften versuchen jetzt nacheinander die richtige Zahl zu erraten. Der Schüler zeigt nur mit den Händen, ob die Zahl zu groß oder zu klein ist. Welche Mannschft hat den 1. Volltreffer?

Abb. 40

Kopiervorlagen für Symbolkarten, Test, Dokumentationshilfen und Beobachtungsbögen

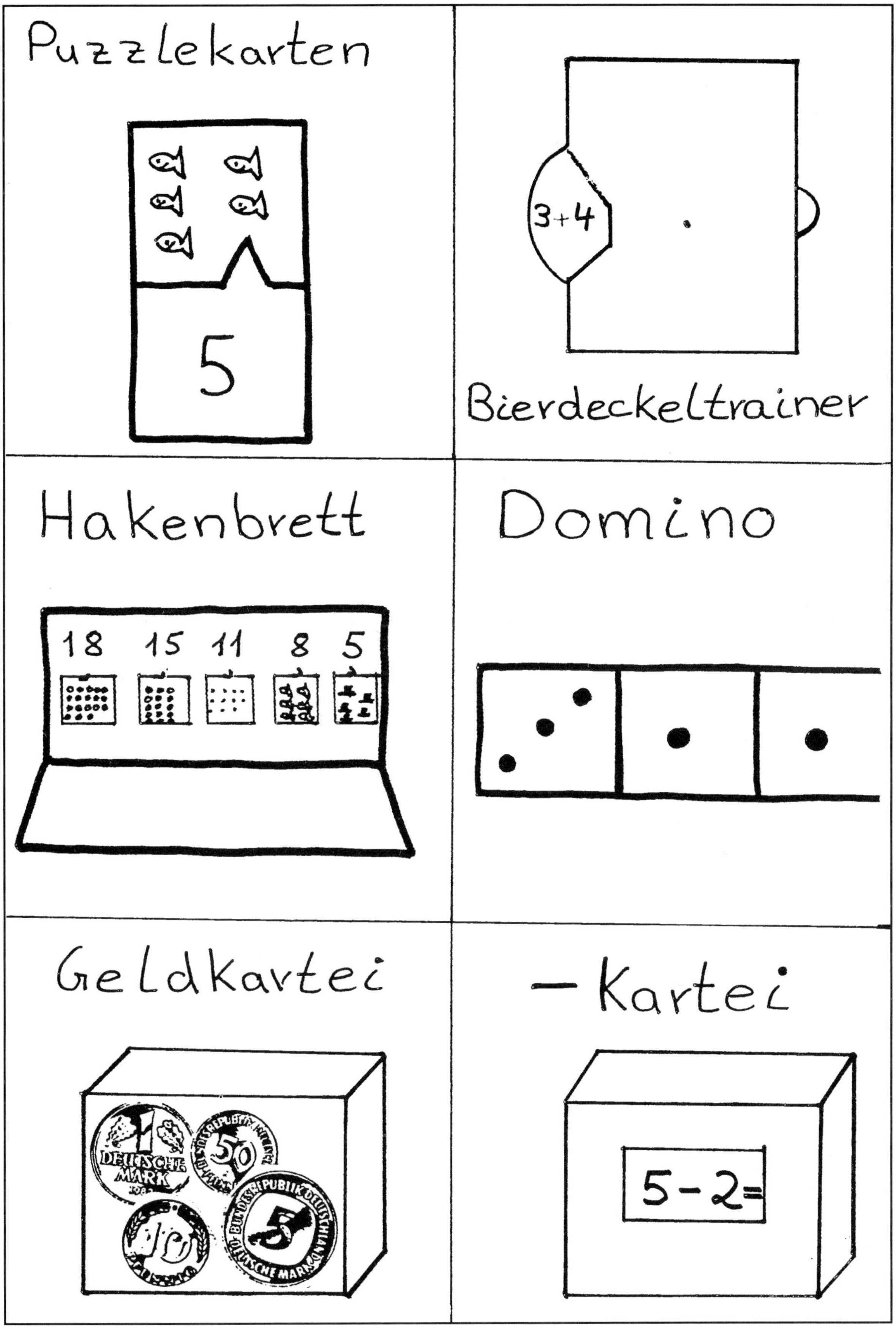

Abb. 41/42: Symbolkarten für den Wochenplan

Spieleordner

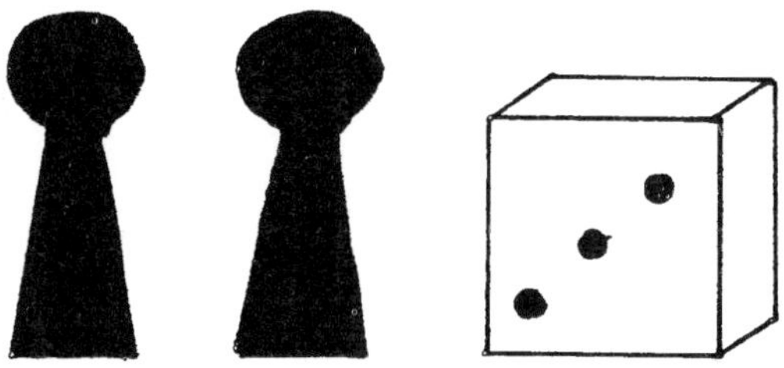

Rechenpuzzle

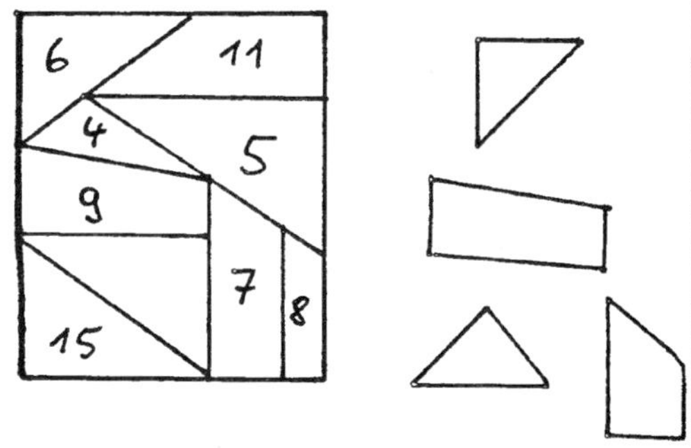

Klappordner

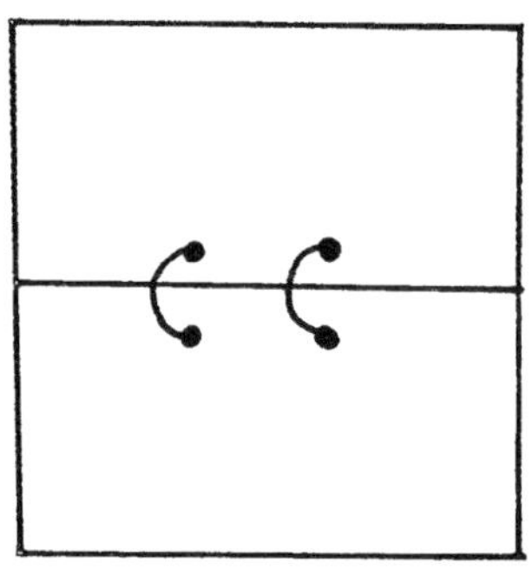

Waage

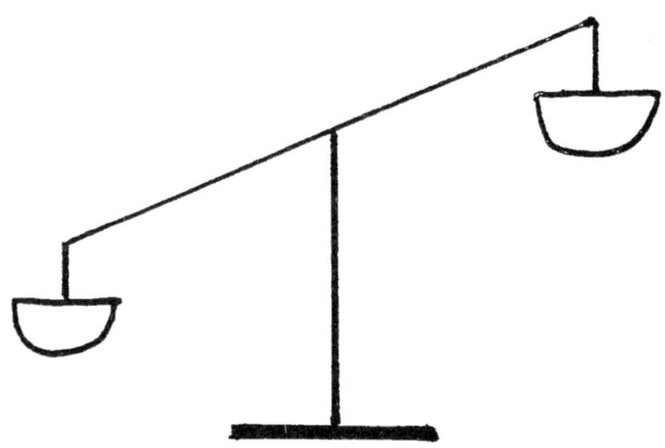

Spatelspiel

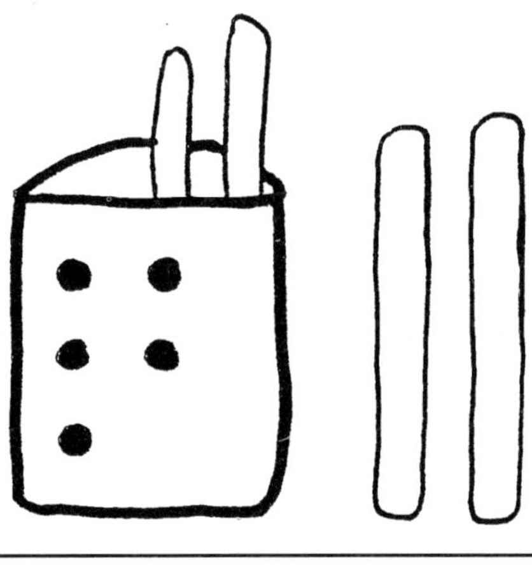

Geldstreifen

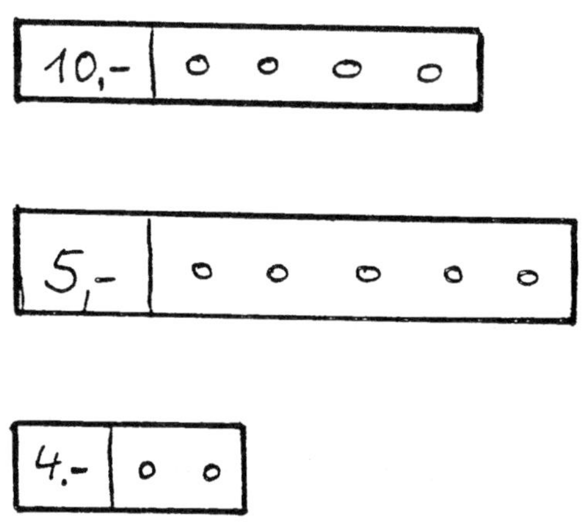

Abb.43: Symbolkarten für Arbeitsregeln

Name: ______________________

1. Scheibe die Zahlen weiter

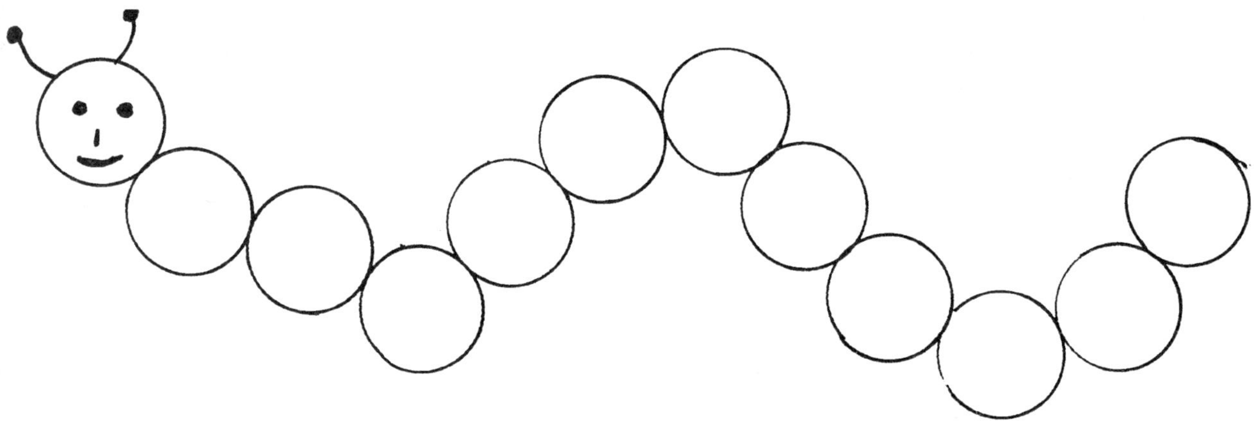

2. Wieviele?

3. Male Punkte

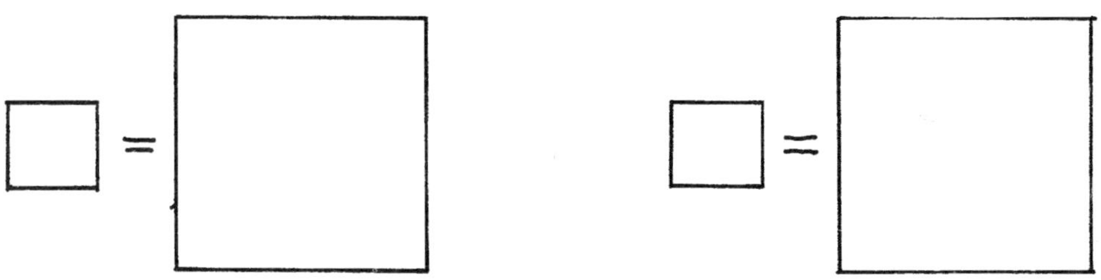

2. Wieviel Bälle zusammen?

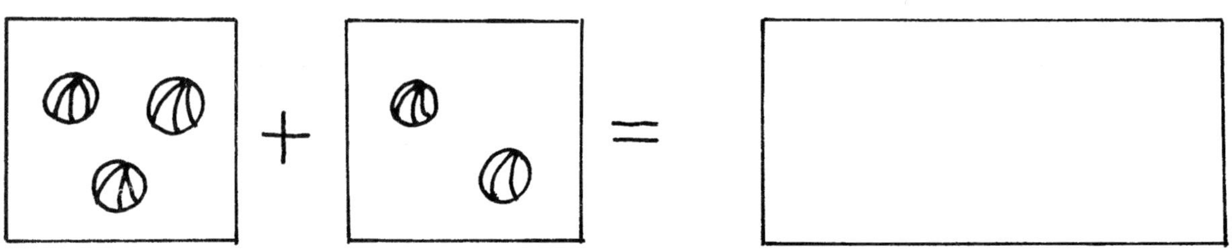

Abb. 44/45: Test zur Ermittlung der Lernvoraussetzungen

5. Was kostet mehr Geld? Kreise ein

Eis 1,50 DM

Cassette 7,00 DM

5. Was kostet das?
   Eine Schokolade ____________
   Ein Liter Milch ____________
   Ein T-Schirt ____________
   ____________ ____________

6. Wie spät ist es beim Aufstehen? ____________ Uhr
   mittags ____________ Uhr
   wenn die Schule zu Ende ist ____________ Uhr
   wenn ich schlafen gehe ____________ Uhr

8. Wie spät?

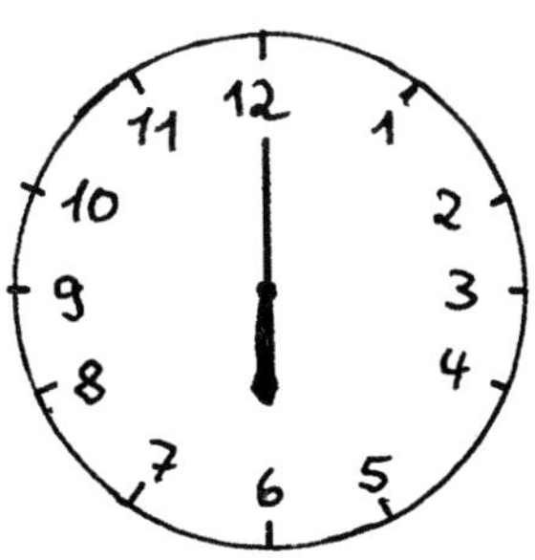

____

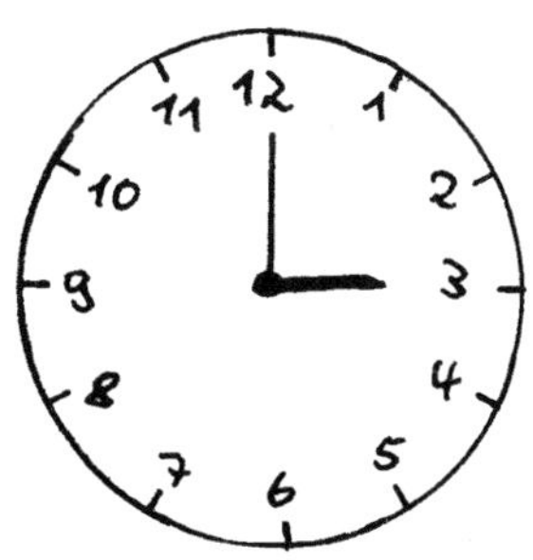

____

9. Stelle an einer Uhr ein
   10 Uhr 12 Uhr 4 Uhr halb 9 15.30

Abb. 45

Protokollbogen:
Zeitraum:

Zeitraum / Schüler	Wochenplan 1					Wochenplan 2					Wochenplan 3					Wochenplan 4					Wochenplan 5					Wochenplan 6					Wochenplan 7				
	MO	DI	MI	DO	FR	MO	DI	MI	DO	FR	MO	DI	MI	DO	FR	MO	DI	MI	DO	FR	MO	DI	MI	DO	FR	MO	DI	MI	DO	FR	MO	DI	MI	DO	FR

Abb. 46: Protokollbogen

Abb. 47: Raster für einen Wochenplan

Abb. 48:

Beobachtungsbogen: Wochenplanunterricht

Name:

1. Phase der Planerstellung *Wie beteiligt sich der S. an der Erstellung des Wochenplanes?*	Datum					
– hat er klare Vorstellung im vornhinein						
– entstehen diese durch Beeinflussung anderer S.						
– entstehen diese durch bekannte Aktivitäten						
– ist der S. kompromißbereit						
– entscheidet sich der S. ohne Lehrerhilfe						
– entscheidet sich der S. mit Lehrerhilfe						
– beteiligt sich der S. gar nicht						
Wie wählt der S. die Aufgaben am Wochenplan aus?						
– alleine						
– in Absprache mit einem Partner						
– durch Anregung des Lehrers						
– erst Pflichtaufgabe dann Wahlaufgabe						
– erst Wahlaufgabe dann Pfilichtaufgabe						
– nach Belieben						
2. Phase der Arbeitsorganisation						
– findet das Material ohne/mit Hilfe						
– holt sich alleine evtl. Zusatzmaterial						
Platzauswahl?						
– sucht einen ruhigen, abgelegenen Platz						
– abhängig vom Nebenmann						
– ist variabel						
Arbeitsanfang?						
– schaut sich Material/Aufgabe zunächst alleine an						
– ruft sofort nach Lehrerhilfe						
– wählt aus dem Material eine mögliche Bearbeitung selbständig aus						
3. Phase der Aufgabenbearbeitung *Arbeitsverhalten?*						
leicht ablenkbar						
sehr konzentriert						
nach Tagesform sehr verschieden						

	Datum					
Welche Sozialform bevorzugt der S.?						
– arbeitet vorwiegend alleine						
– bevorzugt Spielformen zu zweit						
– bevorzugt größere Spielgruppen						
– variabel						
Wie arbeitet der S. in der Gruppe?						
– verhält sich sozial und emotional solidarisch						
– stört aktiv						
– ist sehr dominant						
– verhält sich eher zurückgezogen						
Wie geht der S. mit Selbstkontrolle um?						
– nutzt er Selbstkontrolle sachgerecht						
– benötigt er Bestätigung des Lehrers						
Inwieweit benötigt der S. den Lehrer?						
– benötigt den L. nur bei echten Verständnisfragen						
– sucht sehr häufig Bestätigung des Lehrers						
– wartet auf genaue Arbeitsanweisungen des Lehrers						
4. Phase der Ergebnisdarstellung						
– werden Aufgaben immer ohne Aufforderung beendet						
– wird die Fertigstellung im Wochenplan eingetragen						
– zeigt S. Ergebnisse dem Lehrer						
– zeigt S. Ergebnisse anderen Schülern						
– stellt der S. Aufgaben, Probleme im Freitagskreis dar						
– gelingt Eintragung am Ende der Woche						

Bezugsquellen und Verlagsadressen

- Verlag an der Ruhr – die Schulpraxis, Delle 47, Postfach 102251, 4330 Mülheim an der Ruhr.

  Erhältlich sind verschiedene Freiarbeitskarteien (oft ein sehr hohes Niveau), Memories, Uhrspiele, Rechenspiele und Rechenkarteien.

- Verlag Sigrid Persen, Dorfstraße 14, 2152 Horneburg/ Neunkirchen

  Gut zu gebrauchen sind hier die Bergedorfer Kopiervorlagen mit gut gestalteten Arbeitsblättern, die auch über eine Selbstkontrolle verfügen. Der Verlag bietet weiter Rechenpuzzle, Rechendominos, Bergedorfer Klammerkarten und Lernspiele an.

- AOL Verlag, Waldstaße 17, 7585 Lichtenau

  In diesem Verlag findet man eine Fülle von Anregungen für die Freiarbeit. Beispiele: Gut gestaltete Arbeitsblätter, Lernkarussell (Prinzip Klappordner), Lernschiffchen, Lernscheiben (Prinzip Bierdeckeltrainer), Rechenröllchen. Bei den meisten Materialien gibt es auch dazugehörige Blanko-Kartensätze, die eigene Aufgaben erlauben. In dem Gesamtverzeichnis sind die einzelnen Materialien sehr schön beschrieben.

- Pädagogik Kooperative e.V., Verein der Freinet Pädagogen Goebenstraße 8, 2800 Bremen 1

  Hier erhältlich sind viele verschiedene Karteien zu einzelnen Sachthemen; Materialien zur Mathematik aus dem Elementarbereich gibt es jedoch nur wenige.

- Lehrmittel beenen, Issumer Weg 19, 4234 Alpen 2

  Hier gibt es einiges an Materialien zum Selberbasteln wie zum Beispiel die Stöpselspiele, Lochkästen, Setzleiste, Auftragsscheibe (Prinzip Bierdeckeltrainer), Kartei Messen und Wiegen. Zu allen Materialien werden auch Blanko-Materialien angeboten Hier sind auch verschiedene Würfel erhältlich.

- Lehrmittelhaus E.D. Riedel, Unter den Linden 15, 7410 Reutlingen 1, Tel.: 07121/310865

  Hier sind verschiedene Rechenwürfel erhältlich, Rechenspiele, Kopiervorlagen für Arbeitsblätter und gute Blanko-Materialien für eigene Spiele (Blanko-Puzzle, Spielkarten, Rundformen, Lotto, Domino, Memory). Sehr nützlich sind auch die Geldstempel.

- ALS Verlag Postfach 700152 6000 Frankfurt/ Main 70

  Dieser Verlag bietet ein wirklich gutes Blanko-Programm für Arbeitsmaterialien an, darunter farbige Papiere in verschiedenen Größen, dikke Blanko Memorykarten, Blanko-Brettspiele, und Spielkarten.

- Schubi Lehrmittel GmbH, Zeppelinstraße 8, 7702 Gottmadingen, Tel.: 07731/7018

  Bietet Blanko-Materialien, Motivstempel, Spiele, Kopiervorlagen, Rechengeld und Uhrenstempel, Rechenspielwürfel, Ziffernstempel, Rechenwaagen.

Weitere wichtige Materialien:

- Würfel in verschiedenen Ausführungen (Farben-, Zahlenwürfe: 6er, 8er, 12er, 24er ...; plus-Würfel; minus-Würfel; Blanko-Würfel zum Selbstbeschriften), die in gut sortierten Spielwarengeschäften erhältlich sind.
- Stempel in verschiedenen Ausführungen (Uhr-, Geld-, Bilder- und Zahlzeichenstempel) zur Herstellung neuer Materialien und für die Hand des Schülers zum Experimentieren und Finden eigener Aufgaben
- alte Schulbücher, Kataloge und Werbeprospekte zum Ausschneiden für die Erstellung von Karteien
- homogene Materialien zum Abzählen und Wiegen wie zum Beispiel Goldtaler, Muggelsteine oder Legosteine.

Literaturverzeichnis:

Theorie:

GRAMPP, Gerd: Alternatives Lernen mit geistig behinderten Schülern, In: Lernen durch Handeln, Pädagogische Schriftenreihe Bd.4, Stuttgart 1982

Freie Arbeit allgemein:

HECKER, Ulrich: Freie Arbeit Schritt für Schritt, Verlag: Die Schulpraxis o.J.

MANGELSDORF, Marei / CLAUSSEN, Claus: Wochenplanunterricht in der Grundschule, In: Praxis Grundschule 2/1989

Freie Arbeit im Bereich Umgang mit Mengen, Zahlen und Größen

BAUER, Uwe: Rechnen macht Spaß – Rechenpuzzles im Zahlenraum bis 20. Lernen durch Handeln. Stuttgart 1984

BAUER, Uwe: Rechnen macht Spaß – Rechenpuzzles im Zahlenraum bis 100. Lernen durch Handeln. Stuttgart 1984

DANK, Susanne: Geistigbehinderte lernen die Uhr im Tagesablauf kennen. Übungsreihen für Geistigbehinderte, Heft A1, Dortmund 1989

DANK, Susanne: Geistigbehinderte lernen den Umgang mit dem Längenmaß. Übungsreihen für Geistigbehinderte, Heft A5, Dortmund 1990

BERNHART, Peter, BOCK, Herbert, SCHMIDT, Marianne: Moto - Mathe. Materialien und Arbeitsblätter zum Erstrechnen in Diagnose- und Förderklassen. Kopiervorlagen. München 1991

KÖPPEN, Dagmar: 70 Zwiebeln sind ein Beet: Mathematikmaterialien im offenen Anfangsunterricht, Weinheim, Basel 1988

REHBERGER, Michael / RIEDEL, Fritz: Praxis-Info >G<, Fachzeitschrift für den Unterricht an Schulen für Geistig-Behinderte, Heft 2/1988: Schwerpunktthema Rechnen. Bezug: Selbstverlag M. Rehberger, Armsündersteige 61, 7100 Heilbronn

ROTH, Martina: Spielformen im Mathematikunterricht; in: FREISLEBEN, Herbert (Hrsg.): Mathematik und Bewegung, Würzburg 1988, S. 33-62. Bezug: Herbert B. Freisleben, Güntersiebener Str. 29, 8709 Rimpar, Tel. 0 93 65/93 29

SCHMITZ, Gudrun / SCHARLAU, Rudolf: Mathematik als Welterfahrung, Bonn-Bad Godesberg, 4.Auflage 1988

Staatsinstitut für Schulpädagogik und Bildungsforschung München (Hrsg.): Erstrechnen. Rimpar ^{3}1989. Bezug: Herbert B. Freisleben, Günterslebener Str. 29, 8709 Rimpar, Tel. 0 93 65/93 29